新课程背景下的中学语文教学研究

康海荣 著

北京工业大学出版社

图书在版编目（CIP）数据

新课程背景下的中学语文教学研究 / 康海荣著. —北京：北京工业大学出版社，2021.10 重印
　ISBN 978-7-5639-6674-5

Ⅰ. ①新… Ⅱ. ①康… Ⅲ. ①中学语文课—教学研究
Ⅳ. ①G633.302

中国版本图书馆 CIP 数据核字（2019）第 022315 号

新课程背景下的中学语文教学研究

著　　者：康海荣
责任编辑：张　娇
封面设计：点墨轩阁
出版发行：北京工业大学出版社
　　　　　（北京市朝阳区平乐园 100 号　邮编：100124）
　　　　　010-67391722（传真）　　bgdcbs@sina.com
经销单位：全国各地新华书店
承印单位：三河市元兴印务有限公司
开　　本：787 毫米×1092 毫米　1/16
印　　张：11
字　　数：220 千字
版　　次：2021 年 10 月第 1 版
印　　次：2021 年 10 月第 2 次印刷
标准书号：ISBN 978-7-5639-6674-5
定　　价：35.00 元

版权所有　翻印必究

（如发现印装质量问题，请寄本社发行部调换 010-67391106）

前 言

语文课程在我国的教育事业中具有重要的地位和作用。语文课程是一门重要的课程，语文教学的成效对于我国中学生的成长和发展具有重要的意义。我国教育事业的不断发展要求中学语文教学实现新的发展。因此，在新课程背景下对中学语文教学进行研究，对中学语文教学的实践和发展来说具有重要的意义。

教师首先应明确语文教学的性质、功能、目标、发展方向等。只有掌握了这些内容，教师才能够对中学语文教学有一个较为深入的理解和认识，对中学语文教学形成一个较为明确的态度。我国十分重视中学语文教学，并为中学语文教学制定了相应的课程标准，包括《义务教育语文课程标准（2011年版）》和《普通高中语文课程标准（2017年版）》。课程标准对中学语文课程的实施与教学进行了明确的解释和规定，对于语文教学的实施和改革起着关键的指导作用。因此，要想更好地开展中学语文教学，对中学语文教学进行改革，提高中学语文教学的质量与效果，就必须以课程标准为基础，深刻理解课程标准，对课程标准进行深入的分析和解读。中学语文的课堂教学实施需要借助一定的教学模式。从实践上来说，中学语文教学模式的选择必须充分考虑课堂教学的实际情况，并结合国内外各种教学模式，来确定最合适的教学模式。阅读、口语、综合性教学等是中学语文教学中的重要内容，教师进行这些内容的教学时，必须结合其特点，采用相应的教学策略。此外，中学语文的教学评价、中学语文教师的素质培养也都是需要关注的内容。

本书共九章，第一章为绪论，介绍了我国中学语文课程的性质与确定目标的意义和依据、功能、价值取向嬗变、我国中学语文教学流派的形成与发展等，第二章为我国中学语文课程标准的解读，第三章为新课程背景下的中学语文课堂教学模式研究，第四章为新课程背景下的中学语文阅读教学研究，第五章为新课程背景下的中学语文写作教学研究，第六章为新课程背景下的中学语文口语交际教学研究，第七章为新课程背景下的中学语文综合性学习教学研究，第八章为新课程背景下的中学语文课堂教学评价策略研究，第九章为新课程背景下的中学语文教师专业素质培养研究。

为了保证内容的丰富性与研究的多样性,笔者在撰写本书的过程中参阅了大量关于中学语文教学方面的相关资料,在此对这些研究者表示衷心的感谢。最后,由于笔者水平有限,时间仓促,书中难免有疏漏和不足之处,恳请读者批评指正。

目 录

第一章 绪 论 ·· 1
第一节 我国中学语文课程的性质及确定目标的意义与依据 ·········· 1
第二节 我国中学语文课程的多重功能 ··· 7
第三节 我国中学语文课程价值取向嬗变 ······································ 10
第四节 我国中学语文教学流派的形成与发展 ······························ 12

第二章 我国中学语文课程标准的解读 ······································· 17
第一节 我国初中语文课程标准的解读 ··· 17
第二节 我国普通高中语文课程标准的解读 ································· 30
第三节 我国语文课程标准的应用 ··· 38

第三章 新课程背景下的中学语文课堂教学模式 ····················· 41
第一节 教学模式概述 ··· 41
第二节 我国中学语文典型教学模式探讨 ····································· 52
第三节 新课程背景下的中学语文课堂教学模式的反思与改革 ······ 58

第四章 新课程背景下的中学语文阅读教学 ····························· 63
第一节 中学语文阅读教学的作用与地位 ····································· 63
第二节 中学语文阅读教学设计的理念 ··· 64
第三节 中学语文阅读教学的过程设计 ··· 67
第四节 我国中学语文阅读教学的现状分析 ································· 78
第五节 中学语文阅读教学的策略探讨 ··· 79

第五章 新课程背景下的中学语文写作教学 ····························· 85
第一节 中学语文写作教学的目的与内容 ····································· 85
第二节 中学语文写作教学设计的理念 ··· 87
第三节 中学语文写作教学现状分析 ··· 90
第四节 中学语文写作教学的过程指导设计 ································· 92

第六章　新课程背景下的中学语文口语交际教学……………………103
第一节　中学语文口语交际教学的意义与任务………………………103
第二节　中学语文口语交际教学的基本类型…………………………108
第三节　中学语文口语交际教学的过程设计…………………………113
第四节　中学语文口语交际教学的准则及策略………………………116

第七章　新课程背景下的中学语文综合性学习教学………………121
第一节　中学语文综合性学习的性质与目标…………………………121
第二节　中学语文综合性学习教学的理念与内容……………………123
第三节　中学语文综合性学习教学的条件与要求……………………127
第四节　中学语文综合性学习教学的策略探讨………………………128

第八章　新课程背景下的中学语文课堂教学评价策略……………137
第一节　新课程背景下的中学语文教学评价含义与评价理念………137
第二节　课堂教学中评价策略与设计…………………………………144

第九章　新课程背景下的中学语文教师的专业素质培养…………149
第一节　中学语文教师的地位、责任与挑战…………………………149
第二节　中学语文教师的学科素养……………………………………153
第三节　中学语文教师的专业发展路径………………………………164

参考文献………………………………………………………………167

第一章 绪 论

语文课程在中学教育阶段有着重要的地位，语文课程不但使学生认同本民族文化，而且能增强各个民族的凝聚力和创造力，对弘扬中华民族文化传统起着重要的作用，因此，语文课程在众多课程中是不可替代的。

第一节 我国中学语文课程的性质及确定目标的意义与依据

一、界定语文课程性质的意义

（一）语文课程论的立足点是界定语文课程性质

课程性质是一门课程区别于其他课程的本质属性。正确认识并科学界定语文课程的性质，是语文课程与教学论的立足点。语文课程目标产生和理念的确定是由语文课程的性质决定的，国家要依据它来选择语文教学内容，语文教学过程和方法也要受它支配。对从事语文教育的人来说，能否正确认识语文课程的性质，既是理论问题又是实践问题。在过去半个多世纪，我国语文教育多次发生左右摇摆，把语文课上成政治课、文学课、知识课、纯工具训练课的现象都发生过，这除了政治的、社会的原因之外，从认识论的角度来说，我国没有从理论与实践的结合上弄清语文课程的性质也是一个重要的原因。立足点有了偏差，用力的方向和目标自然不会正确，因此，正确界定语文课程的性质至关重要。

（二）编制语文课程标准要求阐明语文课程性质

课程标准是确定一定学段的课程水平及课程结构的纲领性文件。中学课程标准是国家对基础教育课程的基本规范和要求。新中国建立以来的第八次基础教育课程改革，经过酝酿准备阶段，研制了各科课程标准，从编写体例角度提出了国家课程标准的基本框架。框架要求各学科课程标准在第一部分

（即前言部分），且须阐明本学科课程性质、基本理念和课程标准的设计思路，语文课程标准编制自应遵循这一体例。如果课程性质不明，课程概念就难以确立；如果课程的性质和理念站不住脚，那么后面的部分——课程目标、内容标准、实施建议会失去牢靠的根基和明确的方向。

（三）对语文课程的性质的认识须要达成统一

语文课程性质问题是语文教育界认识分歧最大的问题。20世纪，人们围绕工具性与人文性展开的论争持续数年，各种观点公开对话甚至激烈碰撞。这些对话和碰撞，使人们从不同角度深化了对语文学科性质的思考，也使原本观点不同者逐渐增多了共识。但学术之争一时难定高下，认识分歧尚难完全消弭，这也使语文教学第一线的教师困惑和彷徨。在这样的背景下实施课程改革，必须正视在语文课程性质认识上的分歧，从语文课程的实际出发，熔铸那些接近"真理"的认识成果，明确界定语文课程的性质和功能，以体现国家意志，统一广大语文教育工作者的认识。

二、课程标准性质的界定

教育部2011年颁布的《全日制义务教育语文课程标准》在前言部分明确指出，语文的基本特点是工具性与人文性的统一，在人类生活中语文是最重要的交际工具，也是人类文化发展的重要组成部分。

这样定义或许并非全然无懈可击，随着课程理论的发展和人们认识的深化，上述定义肯定还会继续被修订完善。但是，这是迄今为止国家课程文件对语文和语文课程性质作出的最清晰而准确的说明。这样定"性"也反映了语文教育界在课程性质争论后达成的较为广泛的共识。

国家课程文件具有权威性和强制性。课程实施不同于学术讨论，学术见解可以求同存异，而课程实施不可各行其是。语文教育工作者作为中学语文课程的实施者，即使观点上仍不完全认同，在行动上也有义务贯彻实行。要想贯彻得更自觉，实行得更有效，需要对课程标准的界定有清楚的认识。

（一）语文课程具有工具性

语文课程的工具性，基于语文的工具性——准确地说，是基于语言的工具性。语言是思维成果的工具，是人们交际最重要的工具；文字是记录人们思维成果的工具，是将人们思维的成果和交流的思想传之异地、留之久远的最重要的载体，这是为人熟知的语言学常识。新的课程标准中指出，在人们生活交际中，与其说语文是最重要的交际工具，不如说语言是最重要的交际工具，但课程的名称是"语文"，"语文"的核心是"语言"，这样讲也说得过去，人们能理解。此外，就学校教育而言，语文还是学习其他各门课程的基础工具，这是显而易见的事实。

由语文是工具进而推出语文课程具有工具性是合乎逻辑的，也是合乎事实的，因为语文这门课程的实质就是培养学生正确而熟练地运用祖国语言文字的能力，提高学生的语文素养。

认识语文课程的工具性，对教师教语文、学生学语文至少有两点意义。一是要想正确运用语言文字这个工具，有必要了解这个工具的性能和使用方法，学习有关语文的一些有用的知识。二是要想熟练掌握语言文字这个工具，必须亲身实践。只听人讲解的作用不大，自己必须要实际操练，既要"知"，更要"行"。正如叶圣陶先生所说："语言文字的学习，出发点在'知'，而终极点在'行'，到能够'行'的地步，才算具有这种生活的能力。"

确认语文课程的工具性，在当代语文教育史上发挥过建设性的积极作用。特别是在1963年前后，对匡正把语文课上成知识课、文学课和思想政治课的偏颇，有拨乱反正之功。片面认识、过于强调工具性，只见工具不见人，机械操练，肢解割裂，题海泛滥，放弃语文课程的人文教化功能和审美功能，漠视情感态度价值观，也曾使语文教育走弯路，受损失。历史的经验和教训值得反思和汲取。

正确把握语文课程的工具性，对正在实施的语文课程改革有重要意义。近几年语文课堂中出现的"泛语文"乃至"非语文"倾向，语文教学偏离"语文"本体，或用人文取代"语文"，就与不能正确把握语文课程的工具性有关，值得人们警觉。

（二）语文课程具有人文性

语文课程的人文性基于的是语文的人文属性，具体地说，基于的是语言和言语的人文属性。

语言与文化关系极为密切。语言本身就是一种特殊的文化。人类的文化活动和文化成果，主要建立在语言的基础之上。因此，语言和言语都具有鲜明的人文属性。

语文学科属于人文学科。语文课程就是教师教学生通过言语学习来掌握语言，其中充盈着人文教育因素。由此可见，人文性是语文课程的本质属性。

"人文"一词在古今中外的含义不同。"人文"一词最早出现在《易经》之中，"文明以止，人文也。观乎天文，以察时变；观乎人文，以化成天下"表达的意思大概是说观察天道运行的规律可以认知时节的变化；多注重人事伦理道德，用教化推广于天下。这里"人文"与"天文"相对，指人的文德。

后来，"人文"泛指人类社会的各种文化现象。14—16世纪欧洲文艺复兴时期出现了人文主义思潮，该思潮反对以神为本位的宗教思想，提倡以人为本位，宣扬人性论和人道主义。随之而生的"人文科学"本指与神学相对立的，跟人类利益有关的学问，后来泛指研究人类信仰、情感、道德和美感等的科学，包括语言学、文学、艺术、哲学、历史学、考古学等。20世纪时，科学主义与人文主义两大流派论争，波及教育领域，引发科学主义教育与人文主义教育的碰撞和交融。20世纪80年代，语文教育界有人用"人文性"来揭示语文学科在教学内容上的特点。人们发现用"人文性"揭示语文教育的特点，比过去常说的"思想性"概括力要强，它既涵盖了语文教育中的思想性，也可以把属于人的精神世界教育因素的世界观、人生观、价值观、审美观等包括在内，于是普遍地为人们所接受。至于语文教育中"人文性"的具体含义，人们的理解并不完全相同。多数人认同的含义大概有这样两层：一是尊重汉语文中蕴含的民族精神和历史文化，认识汉语汉字的文化价值，体验国人独特的语文感受，继承和发扬民族的优秀文化；二是尊重人的个性，关注人的情感，陶冶人的心灵，提高人的审美情趣，培养健全的人格精神。

  确认和掌握我国的人文自然课程是否能够有利于避免语文教学所带来的弊端？确认并把握语文课程中的人文性，是否有利于避免语文教学中只重语言符号而不重使用语言符号，只注重语文知识技能而不注重情感态度的价值观所带来的弊端？对于这些问题，只有不断反复呼吁，才能唤醒人们高度重视在语文教育中的"立人"功能，帮助学生在精神建设上奠定了良好的"精神的底子"。

（三）工具性与人文性统一

  工具性与人文性，在语文课程中既相互对立，又相互依存。语文教育工作者不但要明了二者的区别，更要认清它们之间的联系，并在教学实践中实现二者的和谐统一。

  现代语言学主要奠基人之一的瑞士语言学家索绪尔提出过这样的论断："语言是组织在声音物质中的思想"。他说过，可以把语言比作一张纸，把思想看作正面，把声音看作反面，人们不能在切开正面的同时，而不切开反面，同样，在语言环境里，人们不能让声音离开思想，也不能使思想离开声音，二者相辅相成，谁也离不开谁。语文在作为交际工具使用的过程中，已经被注入了思想、情感、意趣等文化内涵，语文教材中所有课文都是语文形式与思想内容的统一体。阅读教学不可能离开语文形式而理解思想内容，也不可能完全抛开思想内容而单讲语文形式。写作教学也必须着眼于语文形式与思想内容如何更好地统一，来指导学生作文、改文、评文。

新课程标准明确了语文课程的基本特点是工具性与人文性的统一。工具性与人文性的统一不但符合基础教育课程改革的理念，也符合中学语文课程的实际，有利于语文新课程目标的落实。语文课程中的工具性着眼于培养学生语文运用能力和语文实用功能，在课程的中具有实践性特点。而语文课程中的人文性着眼于语文课程对于学生思想感情熏陶和感染，语文课程中的人文性的文化功能在课程中也具备了人文学科的特点。语文教育工作者在语文课程实施的过程中，应该努力实现这两方面的功能。

不仅我国重视语文课程工具性与人文性的统一，而且其他国家的语文课程也大多同时看重工具和人文两方面的教育作用。有研究者在比较研究英、美、德、法、日等国语文教育界对语文以及语文学科基本属性的认识后，得出这样的结论：这些国家都确认语言是人类社会最基本、最重要的交际工具，是学校教育中学习各门学科的基础工具，是社会成员个体的思维工具。同时这些国家也洞察出本国语文与民族文化、民族精神的血肉联结，都十分重视语文科的文化内涵和教育作用。

三、确定语文课程目标的意义和依据

（一）确定语文课程目标的意义

课程目标是指学生在学完某一课程以后要使发展状态和水平应达到的描述性指标。课程目标受国家规定的制约，也受到教育方针和教育目的制约。这种制约具体体现在，国家所期望的人才培养目标在各学科领域中有着出色的表现。语文课程目标的要求就是要从语文课学习的角度规定人才培养的具体规格和质量。

课程性质决定着一门课程的方向和发展，那么课程目标则是依据课程的方向和发展，规定这门课程的范围、程度、分量等各个内容。因此，语文课程目标是语文课程编制、实施、评价的指南和依据。

对语文教材编制者和审定者来说，语文课程目标为教材设计确定了内容领域、难易程度、学段之间的承递关系，既是教材编写者必须依循的蓝图，也是教材审定者评价教材的重要依据。

对语文学习者来说，语文课程总目标和各学段的具体目标为他们规定了学习内容的范畴和应该达到的水准，是他们学习的指南。他们可以在某学段学习开始的时候，就明确语文学习的方向和指标；在学习进程中，可以自觉与目标相对照，评价自己的进步和不足，从而调控自己的学习行为，改进自

己的学习方法，争取最佳学习效果。

对语文教师来说，课程目标规定的学生学习要达到的目标也就是教师施教的目标。教师制订教学计划、设计教学目标、确定教学内容、选择教学策略、评价教学效果，都必须依据课程目标。教师应该依据课程目标和学生实际，对教材内容和顺序做适当调整，并积极引进和开发其他课程资源。

对课程管理和评价者来说，语文课程目标是他们管理和评价语文教学的准绳，他们必须据此来评价学生学习的过程和结果，衡量教师教学的效率和效果。

（二）确定语文课程目标的依据

1. 学生发展

培养优秀人才是教育的根本目的，把基础教育课程作为教育改革的基本价值取向是为了每一名学生的发展。因此，国家在制定语文课程目标时，应该把学生的发展当作首要的依据。随着市场经济的发展，人们的消费水平也在不断提高，独生子女的生活条件也越来越优越，青少年也在受到诸如"追星"文化等文化的耳濡目染。诸如此类新的时代因素对青少年的成长既有积极影响，又有一定的消极影响。身体、生理的发育超前而心理、情感的发展相对滞后，在当代青少年中已经成为较普遍的现象。中学语文教育目标的制定应该适应中学生身心发展的需要，综合三个维度中的多方面教育因素，使学生的语文素养全面提高，促进学生多方面和谐发展，才能使这一代新人成为有道德、有素质、有纪律的一代新人。

2. 社会需求

各个历史时期的社会发展状况不同，不同社会制度对人才规格的需求也会不同，对学校教育提出的培养目标也不尽相同。语文教育与社会生活息息相关。"五四"运动之后，文言文与白话文在语文课程中的消长。近年来电话普及、电脑办公、汉字录入、网络阅读等新事物对语文教学的冲击，都足以说明语文课程受社会发展影响之大。

当代社会需要的人才素养与过去时代相比有许多不同之处。民主法制意识、公德意识、环境意识、社会责任感等显得更加重要，创新精神、创造能力、交往合作、学会学习、学会发展等，成为21世纪人才必备的基本素质。这些都给语文教育提出了新的要求。社会需求制约着人才培养目标和语文课程目标的制定。语文课程目标的制定要与时俱进，还需要依据社会发展的需求来制定。

3.学科特点

制定语文课程目标还必须顺应和体现语文学科的特点。工具性与人文性统一是语文课程的基本特点。语文学科在教学生掌握语文"工具"的同时,也都离不开对使用这一"工具"的人的关注。如果没有"人文"的存在,那么"工具"也就不复存在,二者相辅相成,相互依托。制定语文课程目标,既要凸显学生要能够正确运用语言文字,获得语言中的基础知识,积累丰富的语言,拥有敏锐的思维,培养语感的准确性,提升言语吸收和言语表达能力,形成良好的言语习惯,又要重视学生的情操陶冶,人格完善,使学生树立正确的人生观和价值观,提高其人文综合素养。语文课程还具有鲜明的民族性,具有很强的实践性和综合性,这些特点在语文课程目标中也应予以体现。

基础教育课程改革是语文课程改革是的重要组成部分。我国在《基础教育课程改革纲要(试行)》中提出的新课程培养目标和基础教育课程改革的具体目标,也是语文新课程目标制定的依据。此外,我国语文教育长期积累的历史经验和国外母语教育改革的新鲜经验,也应成为制定语文新课程目标的参照和借鉴。

第二节 我国中学语文课程的多重功能

一、培养听说读写能力的功能

自独立设立语文课程以来,语文课程就有着一项独特功能,即培养学生的听说读写能力的功能。培养学生的听说读写能力既是语文课程的主要功能,又是学生需要掌握的基础功能之一。

听说读写能力包括写字、写作一般文本、阅读一般文本、鉴赏文学作品以及口语交际等能力。教师可以通过开展识字与写字、写作、阅读以及口语交际等活动,以及综合性的语文学习和活动来培养学生的听说读写的能力。

《义务教育语文课程标准(2011年版)》中根据学习阶段的不同,对识字、写字、写作、阅读、口语交际和语文综合性学习提出了具体的要求。《普通高中语文课程标准(2017年版)》在"阅读和鉴赏""表达与交流"两个方面分别提出了具体选修要求,共形成五大系列,分别为诗歌与散文、小说与戏剧、新闻与传记、语言文字应用和文化论著研读。

二、经典文化教育功能

我国在设立语文学科之初,就设有读经讲经课程。20 世纪二三十年代的《语文课程标准》也都要求"了解固有文化,以培养其民族精神"。但是在研究层面,一直有人对这一取向持非议态度。例如,浦江清等人认为,中学国文与理化史地等课程性质是完全不同的,国文不应只是灌输知识的功课,更应该是加强学生语文训练、打好基础的功课。

叶圣陶先生认为经典文化教育应和历史和地理等学科共同发展,相互促进,共同承担责任,不应把经典文化教育看成只是国文一科的专责。但是,他也认为国文课程有着对经典文化教育"继往开来"的需要,认为国文课程在经典文化教育中看似没有用,实际上它发挥着很大的作用。叶圣陶先生还认为,一些古书培育着我们的祖先,我们是和祖先一脉相承的,当然也要吸取他们的"营养料",从中得到他们留下的精华。一个受教育的人,按道理讲,必须了解固有文化,继承祖先留下的"事业",才可以发展新的"道路";否则就会像无根之草,得不到滋养,长发不起来,更谈不上受教育。

叶圣陶先生进一步指出,"国文一科"主要通过引导学生阅读经典文化名著来发挥其经典文化教育功能。他认为,在固有文化的记录中,有一部分使用的是文学形式,而培养学生与文学的接触和理解它们的能力,则取决于中国语言文学,要想了解固有文化和中国文学经典,必须要达到真正读懂和欣赏的程度。

现行《义务教育语文课程标准(2011 年版)》和《普通高中语文课程标准(2017 年版)》都要求语文课程充分发挥其经典文化教育功能。《义务教育语文课程标准(2011 年版)》要求九年义务教育阶段的学生通过语文课程关心当代文化生活,认识到中华文化的源远流长、博大精深,学生能够通过在语文课程的学习中吸取到民族文化的智慧,尊重文化的多样化,吸收优秀文化的精髓,能够在一定程度上提高文化品位。《普通高中语文课程标准(2017 年版)》要求高中生学习鉴赏中外文学作品,要在作品中努力探索其中蕴涵的民族心理和时代精神的精华,也要了解人类丰富的情感世界,不断学习中国古代的优秀作品,从中体会其中蕴涵的伟大的中华民族精神,所以从中可以得知,语文课程为形成一定的传统文化底蕴奠定了基础。中学语文课程包括世界上其他民族的优秀文化教育,也包括古今中外的经典文学作品。中学语文课程的经典文化教育主要是以民族经典文化教育为重要载体。中学语文课程主要通过指导学生学习这些经典文学作品来实现其经典文化教育功能。

三、陶冶情操、提升人格功能

陶冶情操、提升人格包括培养健康的心理、丰富健全的情感、高尚的品位、积极乐观的态度及坚韧的意志等。

早在春秋时期的孔子就把诗歌视为陶冶学生情操、提升学生人格的宝贵的课程资源。孔子当时为使学生具有良好的修养道德采取的重要手段是以诗教为主。1916年临时政府颁布的《中学校令施行细则》要求国文课程培养文学的兴趣，启发智慧和品德。从1930年到1940年，这段时期的《初级中学国文课程标准》要求学生"养成阅读书籍之习惯与欣赏文艺之兴趣"。

在研究者层面上，梁启超先生是语文课程陶冶情操、提升人格功能取向的积极倡导者。叶圣陶先生也相当看重语文课程陶冶情操、提升人格这一功能取向。他曾说，要使学生在国文科写作教学中养成两种习惯：第一，每当有所积蓄，尽量用文字发表；第二，每当用文字发表，必须在写作技术上下功夫。

现行的《义务教育语文课程标准（2011年版）》明文要求在语文学习过程中，要培养学生创新精神和爱国主义精神，树立正确的思想道德和健康的审美情趣，培养学生的团队合作意识，使其逐步形成积极的人生态度，树立正确的世界观、人生观和价值观。

现行的《普通高中语文课程标准（2017年版）》要求高中学生，努力扩大阅读视野，能在广泛的阅读图书中找到快乐，有所收获，乐于与他人交流分享自己的阅读鉴赏心得，相互交流学习经验，展示自己的读书成果，也可以相互切磋学习；也要求高中生学习鉴赏中外文学作品，这既能陶冶情操，提高阅读审美，还能培养积极的鉴赏态度；希望学生能在阅读与鉴赏活动中，不断充实学习生活，提高写作能力，提升自我价值。

四、其他功能

语文课程还具有开发学生智力、使学生积累百科知识和锻炼其实际生活能力等多种功能。

智力即一个人的认知能力的高低，其中包括人的观察力、记忆力、联想力、想象力和思考力等多个方面。语文课程有利于学生的视野不断开阔，也有利于提高学习者的观察力、记忆力、联想力、想象力和思考力。所以，语文课程具有开发智力的功能。

1916年临时政府颁布的《中学校令施行细则》就看到了语文课程的这一"启智"功能，因此指出，国文课程要"兼以启发智德"。

听说读写是语文课程的主要活动。在日常生活中的人情世故、风土人情、礼仪习俗或在各类学科相关的知识中，如文史哲学、数理化生、财经金融、体育卫生、科技科学、地理天文等，学生不仅能够提高其听说读写的能力、而且能学习到许多相关知识。所以，语文课程还具有使学生积累百科知识的功能。

另外，语文课程还具有锻炼学生实际生活能力的功能。一些综合性语文活动，如新闻调查活动或是报告会，能够激发学生的团队合作精神，提高其应变突发事件的反应能力、策划能力以及搜集处理信息的能力等。

第三节 我国中学语文课程价值取向嬗变

一、20世纪前半叶的语文课程价值取向取向

在语文学科设立之初，两门与语文教育有关的课程也同时被设立了，即读经讲经课程和中国文学课程。读经讲经课程主要承担经典文化教育的任务，中国文学课程的主要内容是文言的阅读和写作。

1916年临时政府颁布的《中学校令施行细则》中的第三条规定，国文要旨在解释普通语言文字中，学生能自由发表思想观念，并尝试性理解高深内涵的文字，从中培养学生对于文学的兴趣，启发学生智慧和品德。

1932年的《初级中学国文课程标准》基本上是对1929年《初级中学国文暂行课程标准》的延续，后又经1936年、1940年、1941年、1948年四次修正和修定，但是在大的格局上没有变化。该课程标准所设目标共有四项。

第一，使学生从本国语言文字的角度了解本民族固有的文化，从而培养民族精神。

第二，使学生养成用文体和语言来表达思想的能力。

第三，培养学生理解文言文的能力。

第四，培养读书的习惯和对文学艺术的兴趣。

很明显，1950年前的语文教育在实践层面上，注重"固有文化"教育取向与语文能力取向是并存的。

1950年前，一些学者认为，即使多个取向并存，人们也应分清主次。陈启天认为，国文课的主要目的是，使学生能够说流利的普通言语，能看懂现代应用文，也能粗略理解美术文，还会做现代的应用文。

也有些学者主张多个取向不应分主次。例如，李广田提出，初中学生不仅仅是要识字、看书、做文章的，更重要的是学做人的，"为学"与"做人"

是分不开的。

黎锦熙先生是现代语文教学法的奠基人之一。他创造性地把国文课的多个取向分为"形式的"与"实质的"两个方面。

二、20世纪后半叶的中学语文课程价值取向

（一）思想政治教育取向

1949—1956年正值新中国成立初期，因为当时"学校里的全部教学都负担着政治任务"，所以，当时我国要求语文课注重思想政治教育。

（二）语文读写能力培养取向

1916年的《试论语文教学的目的任务》明显偏重了语文读写能力培养的取向，该文件认为，语文教学的目的和任务应当是使学生正确运用祖国的语言文字，并能熟练地掌握使用语言文字的方法，培养学生的阅读能力，提高学生的创作能力，并通过教学内容的感染，培养学生正确的观点和高尚的思想品德。

在1963年的《全日制中学语文教学大纲（草案）》中，这种偏向得到了进一步的突出，该大纲提出，学生能够正确地理解和运用祖国的语言文字是中学语文教学的主要目的，要求学生不仅要具备现代语文的阅读能力，而且还能初步具备阅读文言文的能力，并在一定程度上获得写作能力的提高。

1965年，《文汇报》特别强调了要把作文能力作为语文能力培养的取向，其中提到在作文教学中，既不能无视语言文字基本功的训练，也不能忽视作文在语文教育中的重要性；而且在作文教学中，教师不能把作文课上成文学创作课，也不能把作文课上成政治课。

（三）思想政治教育取向与语文读写能力培养取向并重

思想政治教育中的"思想性"不但是语文教材的选文标准之一，也需要通过教材的选文来落实。语文教材中"科学体系"的探索与实践是对读写能力训练取向的体现。该时期，语文教材体系数目繁多，花样迭出，或以"语文基础知识"为体系，或"变知识体系为能力体系""变阅读体系为读写并重体系""变重书面语体系为书面语口语并重体系""变语言文字型体系为语言思维体系"，等等。无论是哪一种体系，其目的都是发展学习者的语文学习能力。

三、21世纪的中学语文课程价值取向

2001年,我国启动了新一轮基础教育课程改革,教育部颁布了《全日制义务教育语文课程标准(实验稿)》,2011年,又对其进行了新的修订。2001年,我国又颁布了《普通高中语文课程标准(2001年版)》。这两个标准都明文指出了语文课程的基本特点是工具性与人文性的统一。《全日制义务教育语文课程标准(实验稿)》中对指出,"工具性"体现了培养学生语文运用能力的实用功能,"工具性"着眼于语文课程实践性的特点;"人文性"体现了对学生的思想感情的熏陶感染的文化功能,"人文性"着眼于语文课程所具有的人文学科的特点。

《全日制义务教育语文课程标准(实验稿)》中规定了各个学习阶段的目标,包括识字与写字、阅读、写作、口语交际与综合性学习五个方面;并且对其中任何一个方面所做出的要求都涉及"知识与能力""过程与方法""情感态度与价值观"三个维度。《普通高中语文课程标准(实验稿)》的课程目标是从"阅读和鉴赏""表达与交流"两个方面展开的,对其中任何一个方面所做出的要求也都涉及三个维度。显然,在课程标准层面上,新时期的中学语文新课程在取向上是与时俱进、多元兼容的。

在研究者层面上,当代学者也大多持多元取向兼容观。但是,面对西方文化的强势扩张与冲击,以郑国民为代表的一些学者主张把"体会、认识中华文化"作为"语文课程改革的战略选择"。受这些学者思想的影响,现行的中学语文教材几乎都是清一色的"人文专题",语文课程的经典文化教育取向被空前强化。

第四节 我国中学语文教学流派的形成与发展

一、新时期语文教学流派形成的背景

(一)改革开放的时代动因

1976年,全国各行业从混乱局面逐渐恢复正常秩序。随着1977年高等学校考试招生制度的恢复,为了改变学生不想上学,教师不想教课的状况,1978年12月,我国召开的十一届三中全会中提到要把工作重点转移到社会主义现代化建设上来,这一政策的颁布,使全国各项工作逐步走上了稳定发展的道路,教育工作形势也出现了前所未有的好转。在20世纪80年代后,改革开放的不断进步和发展,使我国经济、科技不断进步,更加繁荣,教育

事业的大力发展使语文教育进入了一个新的发展阶段。在这期间，语文教学改革的热情被不断释放出来，因为有了教学改革，语文教学流派才能在实践中逐渐形成与发展。

（二）教学改革的学科诉求

2001年《全日制义务教育语文课程标准（实验稿）》的出台，使我国新时期语文教学改革从以往语文教学弊端中走出来，进入了新语文课程的实施阶段。新时期的语文教学流派的形成使语文教学在改革浪潮逐渐形成与涌现出来，也使新课程在改革精神与理念指导下展开。由此，语文教学迸发出新的活力，学校语文教学的形成和发展也有了新的趋势。

在改革开放的背景下，人们也在不断探索语文教学的改革，新时期语文教学改革的浪潮就是由广大语文教师引领的，他们也积极投身于语文教学改革中来，这也印证了广大教师具有强烈的事业心和责任感。广大教师的这一行动既具有非凡的勇气和探索精神，也是对语文教育的辛勤耕耘。广大语文教师在教学思想、方式方法上进行了富有创造性的改革，使语文教学独树一帜，语文教师的这一行动对语文教育理论和实践方面作出了巨大贡献。语文教学流派也正是因为有了这样一批优秀教师而逐渐形成。

改革开放为人们供了宽松的社会环境，解放了人们禁锢已久的思想，突破了以往的阻碍，语文教学改革的学科背景为语文教师释放自身积累的力量提供了大量的空间，使语文教师对工作更加积极热情，语文教学也呈现出了崭新的局面，表现出多元化的特点，这些表现都构成了新时期语文教学流派形成的背景。

（三）信息社会化的传播基础

改革开放以来，新时期教学流派的形成是信息社会化的出现所打下的坚实性传播基础，社会信息传播的现代化极大地促进了信息的交流。信息社会能够及时向广大教师提供教学改革的新成果，供广大教师参考，从而使教学改革逐步深化。

（四）目标共同化的向心力

早在20世纪三四十年代，以陶行知、黎锦熙、徐特立为代表的一批教育家立志教学改革，他们的教育实践、教育思想和教育理论对当代的教学改革，特别是语文教学改革仍有很大的指导作用。新中国成立后，涌现了以叶圣陶、吕叔湘、张志公为代表的一大批语文教育理论家和语文教育改革家。他们在语文教坛上辛勤耕耘，锐意改革，以百折不挠的意志在语文教学改革上独树一帜。他们的不懈努力为新时期的教育工作者树立了榜样，也为新时期语文教学流派的形成奠定了坚实的基础。

进入新时期以来，中学语文教师一直被语文教学中存在的"少、慢、差、费"问题所困扰着。吕叔湘先生曾经说过，学生用十年多的时间，2700多个课时，用来学本国语文，却大多数不过关，真的让人惊讶也觉得不合常理。这迫使语文教育界深思，也让广大从事语文教育的工作者，认识到了语文教学中存在的严重问题，认识到语文教学改革的迫切性和必要性，从而有了新的教学改革的总目标和向心力。只有找到问题解决的关键，才能顺利地解决问题，因此，语文教学改革的力量势不可挡，也促进了语文教学流派从中诞生。

二、语文教学流派形成的推动力量

语文教学流派的形成离不开其代表人物的积极活动。语文流派形成的内部推动力量是由教学流派代表人物的活动产生的。此外，语文教学流派的形成也需要多种社会力量的推动。只有内外部力量共同作用，才能形成和发展语文教学流派。

（一）流派代表人物的活动

语文教学改革的实验与实践、出版著作、发表论文并与他人进行思想上的教学交流和示范等活动，都是形成语文教学流派的基础和前提，也是流派代表人物的日常活动。

1. 教学改革实践的积极主动性

新时期语文教学流派是在语文教学改革实验的基础上和改革开放大背景下产生的。这些语文教学改革的主力军都是流派的代表人物。这些代表人物对传统语文教育中的弊端和不足不满，为了避免这些弊端和不足，他们从传统的语文教育中汲取和借鉴了一些经验，同时又秉着"取其精华，去其糟粕"的态度对其进行适当的调整和修改，因此产生了新时期语文教学流派。可以说新时期语文教学流派是伴随着这些教学改革实验而产生的。正是因为这些教师不满传统教育，不甘现状，才进行了语文教育的改革，才在教学改革中形成了各具特色的语文教学学派，也形成了各具特色的教学思想，带动了语文教育的发展。语文教学改革的实践成了教学思想产生的重要源泉。

2. 教研论文与著作的发表

在教学改革实践中，流派代表人物逐渐形成了自己独特的教学思想、模式、方法和风格。随着课改的实施，各大流派的代表人物开始积极撰写论文，将自己的教育思想落实到纸面上，其中语文教学流派的代表人物的发表量位居榜首。这在一定程度上也成为了流派形成的重要标志。在发表各种期刊、论文之后，这些代表人物仍就自己的教学思想与实践进行不断的深究，从而继续发表思想更为深刻的期刊论文。而这些独具特色的教学模式、教学方法、教学风格也成为了教学流派发展的储备力量。

3. 教学思想的交流与传承

由于教学思想与教学方法的不同，语文教学分为了以于漪、魏书生、黎见明等优秀教师为代表的各大语文教学流派。但不可否认的是，尽管存在这些不同，他们所取得的成果仍是毋庸置疑的。优秀的成果总是令人趋之若鹜。无论是校内的语文教学氛围，抑或是校外的语文教学讲座，都对这些优秀教师的教学思想与经验进行了广泛的传播，为新任教师的成长提供了巨大的帮助。这些积累都为语文教学流派的形成奠定了坚实的基础。

（二）社会各种力量的推动

教学流派的形成单凭有代表性的著作是不行的，还应得到人们的追随和拥护，有极高的社会影响力和认知度作支撑。只有取得了这样的社会效果，并得到社会各界人士的支持与拥护，人们才能继续不断地将教学流派的思想风格传承、发展下去。

1. 媒体传播的积极主动性

媒介传播对教学流派的形成和发展起着重要的作用，新时期语文教学流派的形成离不开媒介传播。许多刊物刊登了大量的论文课例和教学理论，并报道了一些代表人物的事迹等，同时刊登了许多相关的研究论文与文章。广播、电视等媒体也纷纷报道了语文教学实验或改革效果的影响。许多出版社出版了优秀语文教师的著作。媒体强势介入，聚焦于一些优秀的教师，传播他们的教学理念和教学实例，既起到了传播理念的作用，又达到了聚焦的效果。

2. 强而有力的行政推广

行政推广对于教学流派形成具有重要的促进作用。由教育行政部门和教研室、培训部组织学习推广逐渐形成教研体系，大面积地推动开展实验，使语文教学流派得到普遍的发展。行政力量的推行具有一定的权威性和强制性，这种特点具有力度强、速度快、影响大三大特征。行政的推广使一些成绩优秀的语文教师，被一些地方选为学校的校长，或者更为优秀的教师被教育行政部门看中选为领导。这些行政职务，在一定程度上为语文教育起到了一定的推动和发展，也推动了教学理念与教学思想的产生。

3. 广泛深入的学术研究

这里的学术研究是指教学流派在语文教学实践和教学理论领域进行的研究。随着影响的不断扩大，人们将研究对象的重点放在语文教学的思想与实践上。这些研究有他们在教学实例和点评赏析中对教学思想的学习、理解、阐释，有对不同流派或相同流派不同代表人物之间的争论，也有与他们不同的见解和争论。这些争论也证实了，教学流派在语文教育中有着一定的影响力和生命力，随着广泛深入的学术研究，在一定程度上使这些流派为更多人所认识，促进了这些流派的自我反省、自我发展和进步。

从新时期的语文教学流派中可以发现，语文教学流派的形成与发展是上述内、外部分力量相辅相成的结果。可以说没有这些力量的推动，很难形成新时期语文教学流派的繁荣局面。内、外两种力量的相互作用不断传播影响优秀语文教师的思想与实践，随着同行的认同和社会的认可的增多，追随者也越来越多，对区域的影响也不断扩大，在此基础上不仅形成了语文教学流派，也促进了语文教学流派的发展。

新课程改革在我国实现了蓬勃的发展。在新课程改革背景下，新课程改革的实施使许多教师走上教学改革、探索与创新之路，为语文教学流派的形成提供了更多的空间和更好的发展机遇。新课程改革促进了现有的语文教学流派的发展，同时为形成新的语文教学流派积累了实力。在语文改革的推动下，一批优秀的语文教师可能会大量出现，他们在对语文教学的探索上有可能形成一种新的语文教学流派，通过有意识的推广，可能将形成更多的教学流派，开创语文教学流派发展的新局面。语文教学流派有着不同的形成方式。按教学流派形成的自觉程度可以分为以下三种：第一种是自发形成模式，第二种是自觉形成模式，第三种是自发—自觉形成模式。与早期自发形成的语文教学流派相比，语文教学流派的自我意识更加鲜明，这无疑将对推动语文教学流派的形成起到积极的作用。

改革开放以来，优秀语文教师为语文教学流派的核心，通过与之相关的各种活动的影响而形成语文教学流派。但是这种以一个或几个优秀的教师为核心构成的语文教学流派趋势明显在减弱，但这种趋势也会一直存在。今后，语文教学流派更有可能是在许多教师教学主张和风格的影响下形成的，这些教师在教学理念、教学风格等方面都是相似的。这与当今社会对教师群体协作的重视有关，与教师水平的提高和教师群体的发展密切相关。当今教学流派的形成，不仅需要我国教师自觉树立教学流派的意识，加强相互间交流与合作，更需要外界媒体教育行政与研究组织人员的推动。

第二章　我国中学语文课程标准的解读

课程标准是指导语文课程改革与实施的重要指导文件，对于中学语文课程教学来说，只有符合课程标准，才能够保证教学实施符合正确的发展方向。因此，对中学语文课程标准进行深入、细致的解读，对于做好中学语文课程教学具有重要的意义。

第一节　我国初中语文课程标准的解读

一、初中语文课程的基本理念

"所谓理念是一个人所具有的准备付诸行动的信念，它既是一种观念，也是一种行动。""课程理念是课程设计者蕴涵于课程之中，需要课程实施者付诸实践的教育教学的信念，它是课程的灵魂和支点。"新课程发展的核心是新课程理念的落实，在新课改中首要的任务是让教师接受新的理念。《全日制义务教育语文课程标准（实验稿）》明确提出和使用了课程的基本理念这一概念，这是以前教学大纲所没有的。具体的课程基本理念有以下四条。

（一）提高语文素养

当前的语文课程标准更加注重培养和发展学生的语文素养。课程标准明确提出，在义务教育阶段，语文课程必须要面向全体学生，以培养学生的语文素养为目标。具体来说，语文素养包括热爱祖国语文的情感、一定的语言积累、正确使用祖国语言的语感和思维、语言运用的听说读写能力等。此外，语文素养除了语文知识相关的素养外，还包括对学生个性和人格的培养，促进学生的全面发展。对于语文素养的概念，可以从以下几个方面进行深入的理解。

1. 语文素养的内涵

与"语文素质"的提法相比，"语文素养"这一概念更能揭示语文学习的过程性、动态性和主体性。"素养"中的"素"有"向来"之意，因此，素养，一般是指平时的修养和训练。"语文素养"就是指对语文有长久的修养和训练的意思，它的形成和发展是一个不断积累、提升的动态过程。同时，语文学习的过程是作为主体的学生积极参与的过程。"素养"中的"养"是学生自主进行语文学习，获得自主发展的反映。要使学生真正得到素养的培养，单纯依靠教学是难以实现的。通过单纯的教学所培养的也不是素养的最终状态。学生只有通过自身的能动作用实现语文课程知识的内化，才能够真正得到语文素养的培养和发展。

2. 语文素养的内容

《全日制义务教育语文课程标准（实验稿）》所提倡的语文素养，主要体现在以下几个方面。

①培养热爱祖国语文的情感。
②培养正确理解祖国语文的态度。
③有一定的语言积累。
④具备语感和语文思维。
⑤具备一定的语文应用能力。
⑥培养积极个性和健全人格。

3. 语文素养的一般特征

（1）综合性和层次性

语文素养内涵十分丰富，包括了语文的知识、思维、能力，语文学习的习惯与方法，学生的个性、人格、审美等。听、说、读、写等语言应用能力作为外显的言语行为，是语文素养的外在表现，这些能力是语文素养的组成部分。外在的言语行为会受到内在的知能因素的影响，知能因素主要包括个人的语文思维、知识、能力、情感、习惯等。此外，个人的言语行为离不开个体的思想水平、知识水平、个性特征以及所处的言语环境等。总之，语言素养既有不同层次，同时它又是一个综合的整体。只有重视学生语文素养的培养，才能够实现学生的全面发展。

（2）养成性和持续性

语文素养作为一种内在的品质，是建构的、养成的，需要经过一个逐渐培育、逐渐养成的过程。学生只有通过自身的学习体验和经验，在各种因素的相互作用下，对所学的语文课程进行吸收、重组等过程，最终将语文知识内化为自身的一部分，才能够生成真正的语文素养。同时，语文素养的形成和发展还是一个无止境的过程，它既不以入学之日为起点，也不以学生离开学校之日为终点，语文素养一旦生成，会持续作用于人的一生，成为主体持续发展的学习动力。

（3）稳定性和迁移性

语文素养是内在的、深层的，它往往以一种心理结构或活动机能而存在，在学习主体身上以一种稳定的品质或能力来体现，因此，时间、环境等因素不会对语文素养造成较大的影响。但是，这并不代表语文素养是一种停滞的、僵化的东西，当主体面临具体的学习任务时，它就会立即进入活跃状态，在解决具体问题的过程中，实现有效的应用。在解决实际问题的过程中，语文素养还能够在不同的情境中进行迁移。对语文素养的实际应用也能够促进语文素养的发展。

4.语文素养的形成与发展

培养学生的语文素养要求语文教师必须是有计划、有目的的，并且需要经历一个长期的、持续的过程才能实现。同时对于语文素养的培养来说，实践也具有重要的作用。学生在学习语文的过程中，有着丰富的资源可以利用，同时学生随时都能进行语言的实践。语文素养中的每一项内容的养成和发展，都以学生对社会的感知和认识为前提，而使学生具备适应社会需求的语言能力，使学生能够适应社会生活，则是语言素养培养的目的。这就需要我国树立正确的语文课程观、教材使用观和教学改革意识，为学生语文素养的形成和发展起到积极的引领和促进作用。具体来讲，我国需要做到在以下几点。

（1）课程观

语文素养内涵的丰富性首先要求加强语文课程的建设，探讨构建新的课程体系，进而重建新课程的目标。一方面，新课程把过程与方法的"情感态度和价值观"作为与"知识和能力"同等重要的目标维度，承认体验课程和隐性课程的价值，注重知识与个人经验的整合、显性课程与隐性课程的相得益彰；另一方面，以关系型的目标规划学生的发展，确立起语文课程与学生自我、与他人和社会、与自然之间的联系，设立语文综合性学习课程，围绕学生的学习活动和社会生活及其他学科间的对话进行展开，赋予语文课程以生活意义和生命价值。

（2）教材观

语文素养在语文教学目标层面以识字与写字、阅读、写作、口语交际及综合性学习五个板块呈现，在教材层面则以主题单元的形式将具体内容领域的学习结合在一起，所以，教师在教学中就不能停留在"教教材"的层面，而是要学会"用教材教"。教师不仅要认真领悟语文素养理念的精神实质，还要在理念的指引下，认真研究各学段、各年级的目标要求，注意其联系的、递进的发展序列，学会整合这些内容，使识字与写字、阅读、写作、口语交际和综合性学习相互促进，保证语文素养的综合性和层次性。

(3)教学观

语文课程理念的变化必然会使课程实施更新。语文课程成为"由教材、教师与学生、教学情境、教学环境构成的生态系统",这样的生态系统很难在传统教学过程中实现。这就需要教师确立新的教学观,做教学的组织者、引导者和促进者,采取建构的教学策略为学生创设语文学习的情境,促进教学对话和交往,引导学生进行自主、合作、探究学习,不断提高语文课堂教学的生机和活力,使学生在积极、主动的环境下,生成和发展语文素养。

(二)把握语文教育特点

这里笔者从语文课程的人文性、语文课程的实践性和语文课程的民族性来界定语文教育的特点的。

1. 人文性

(1)民族语言的人文性

语言是人类发展到一定阶段的产物,语言具有民族文化和民族社会的共同性,它依附于社会而存在,依靠社会而发展。语言不听从于某个人的意志,它是一个种族自诞生起自然的积累,其中有无数种族历史的踪迹。一个民族的意识、思维、感情以至对客观世界的认识无一不是在它的语言中进行的,社会性或者说人文性,是语言的根本属性。各民族都拥有自己独特的语言,语言不仅仅是一种符号体系,更是用于认知和阐释世界的意义和价值的一个体系。对于符号来说,意义是其存在的基础,如果失去了意义,符号也就难以存在。这也说明,语言不仅是自然的符号,更是文化的符号。也就是说,语言除了工具性的性质之外,也具有人文性的性质。因此,语文学科的人文性首先就表现为民族语言本身所体现出的人文性,我国应该充分认识到我国本民族语言所蕴含的民族精神、民族文化的内涵及其育人功能,既看到语言的工具特征,也看到语言的人文特征。

(2)作品内容的人文性

每门学科都有自己特定的思想内容或知识领域,语文学科与其他学科相区别的最大特征,就在于它的每篇作品所反映出的广阔而丰富的思想文化内涵。哲学、伦理、道德、情操、审美、政治、经济、历史、地理、军事、艺术、民俗、宗教、天文、历法等,无不在语文教材中得到综合的体现。所以,语文不像政治、历史那样是对本学科固有研究内容理性的系统的阐述,而是以具体作品的形式对本民族古今思想文化的一种综合反映。语文教育就是要让学生通过语文的学习广泛地汲取思想文化的营养,继承和发扬本民族优秀的文化传统。

（3）文本解释的人文性

人们在理解语文材料时，存在着一致的地方，这种理解上的一致性也构成了人们进行交流的基础。但是，不同的人在生活环境、知识水平、个人体验等方面是存在差异的，这也使得不同的人在面对同样的语言材料时，会产生独特的理解和感受。在语文教学中，教师面对有机的学生主体，不能只是进行空洞的课堂教学，更应该利用学生原有的知识和经验，使其得到新的发展。因此，语文教学必须要构建师生间平等的沟通渠道，语文教师要充分尊重学生个性的理解与感悟，并充分激发学生的个性表达。这不仅有利于促进学生语文能力的提高，也有利于培养学生的个性和创造力。

（4）教学内容的人文性

语文课程的教学内容包含着一定的人文性内涵，其对于学生在思想、情感、观念等方面的培养具有潜移默化的作用。因此，在语文教学中，必须充分重视教学内容对学生带来的影响。从教学内容的人文内涵来说，其对学生的影响既有可能是积极的，也有可能是消极的。教学内容对于学生的积极影响，在质量和程度上也存在着差异。因此，为了使语文教学能够给学生的思想、情感、观念带来积极、健康、深刻的影响，学校和教师就必须对教学内容进行严格的选择。

2. 实践性

（1）语文教育的实践性

初中语文课程的一个重要目标就是要培养学生的语文实践能力，这也是语文教育实践性特点的体现。培养学生的语文实践能力，不是刻意要求学生掌握系统的语文理论知识，也不是刻意对学生进行语文知识的教授，而应该是一个使学生不断进行语文的听、说、读、写等能力的实践，并在实践中接受语文教育的潜移默化影响的过程。但是，强调实践性并不代表理论是不重要的。语文教学会涉及语音、语法、文字、文学、修辞等各方面的语文知识，也会涉及自然、社会、历史、文化等其他方面的知识。理论知识虽然是语文教育的重要内容，但是教师在教授知识时，不应刻意追求系统性和完整性。在教学设计上，教师可以采用知识与举例、练习相结合的形式，通过例子对原理知识进行说明，通过练习巩固学生对知识的学习，提高学生应用知识的能力。要加强语文教育中的实践教学，应从两个方面入手：一是要丰富语文实践的形式，为学生提供更多的语文实践机会；二是要对身边的语文资源进行充分的开发，为学生的实践提供大量的资源支持，使学生在语文学习和实践中，掌握语文学习的规律，提高学生的语文素养。

（2）语言活动的实践性

语境是言语活动赖以发生和进行的前提条件。人们的交际活动涉及时间、地点、背景、目的等因素，缺少了这些因素，交际就难以进行。人们在交际中通过言语发送活动，这实际上就是交际的双方适应语境并生成交际言语的过程。言语接受活动则是交际双方通过生成的言语对交际的语境进行理解和还原的过程。这就说明，语境不仅是交际中的矛盾焦点，而且是通过交际解决矛盾的前提。因此，从根本上来说，语文教学就是要使学生了解语境与运用语言的关系。从功能的观点看，学生有着巨大的学习任务要去完成，教师对学生学习语言、应用语言的任务是无力相助的，教师能提供的唯一的解决办法就是让学生尽可能多地接触各种不同的连贯的言语，让他们多听、多观察"活的语言"，这不等于只是听听而已，教师必须提供整个言语环境，即为学生创设语境，不仅教会学生能说出语法正确的连贯话语，而且也要教会学生能有效地使用语言，与人交际。

3.民族性

（1）汉语言文字的民族性

汉语言文字是历史上最悠久、最富有表现力的语言文字，是音、形、义的结合体。我国的文化是以我国的语言为载体和依托发展起来的，在其源远流长的发展历程中，必然会对语文教育产生深刻的影响，所以我国的文化跟其他国家的文化有很多的不同，有很多自己的特点，有很多优越性。因此，语文课程应考虑汉语言文字的特点，在教学的各项内容中紧紧抓住汉语的特征，突出重点，张扬汉语的表现力。

（2）儿童的母语学习

儿童对母语的学习是以在生活中获得的对母语口语的语感为基础的。相对于外语的学习来说，学习母语具有以下几方面的优势：一是在学习前已经形成了母语的语言心理机制，二是对母语的文化背景较为熟悉，三是具备大量的母语学习资源和实践机会。这些优势使得儿童对母语的学习不需要像外语一样，从语音、语法的知识和规则入手，以机械的、重复的方式强化语言学习。到了初中阶段，学生对母语的学习已经从口语转向书面语，因此对于初中生的语文教学应在学生已经形成的口语语感的基础上，加强写字、阅读等书面语言的学习，培养学生的书面语语感。书面语语感的培养反过来也有助于增强学生的口语表达能力。

（三）自主、合作、探究的学习方式

从某种意义上说，课程改革成败的标志就是学生的学习方式能否实现实质性的转变。所以，新一轮课程改革的一大亮点首先就是学生学习方式在理念上的转变。同时，学生学习方式的转变又要依靠课程的设计和课程实践。此外，课程改革成功的标志还包括课程结构的完善、教师教学方式的先进变革。

1. 转变学习方式

转变学生的学习方式就是要将过去被动的、单一的语文学习，转变为主动的、多样化的语文学习。转变学生的学习方式最根本的目的是要使学生掌握学习的方法。采用自主、合作、探究的学习方法，对于学生掌握一定的知识具有积极的效果。自主学习是学生充分发挥主体作用，自主明确学习目标、自主选择学习内容、自主完成学习过程、自主反思学习效果的一种学习方式；合作学习是学生在共同的学习目标下组成学习群体，在群体内进行明确的分工，互相帮助，最终完成共同的学习任务的一种学习方式；探究学习是引导学生独立发现和解决问题，从而获得发展的一种学习方式。

要实现学生在学习方式上的转变，必须以学生的自主学习为基础。对于学生来说，他们是学习的主体，学生必须要成为学习的主人。因此，对于教师来说，在教学过程中，必须要充分激发学生学习的主动性和积极性，培养学生热爱祖国语言的情感，使学生持续地保持主动学习、快乐学习的状态，在学习中有所收获，在收获下激励学习，实现学习的良性循环。合作学习和探究学习的学习方式则是使学生实现语文有效学习的重要方式。在自主学习的基础上，合作和探究的学习方式能够实现学生间的相互启发，培养学生的合作与创造的精神和能力。

2. 完善课程结构

学生学习方式的转变需要课程载体的支撑，为使学生的学习方式转变真正落到实处，新课程改革首先要调整课程结构，创设语文综合性学习。综合性学习是一种相对独立的课程组织形态，也被称为综合实践活动课程，与学科课程并列，它的设立打破了学科间的界限，教师应引导学生关注社会和生活中的问题，将语文知识的学习和运用转变成不断提出问题、解决问题的过程，使学生的语文学习变得丰富而有个性。

3. 变革教学方式

要改变学生的学习方式首先要改变教师的教学方式。教师一方面要给予学生更多的自主权利，另一方面则要加强对学生的要求，并给予学生必要的指导，以保证学生自主学习的有效性。教师改变教学方式的重点主要有以下几个方面：一是要建立语文学习的交互平台，二是要营造语文学习的自主环境，三是要组织学生的自主学习活动。教师教学方式的改变，能够使学生在语文课程中，充分获得交流、提问、展示的机会。在组织学生的学习活动时，还需要把握以下几个方面的重点：一是要以培养学生的独立思考能力为核心，二是要在活动中将语文的学习向更为深入的方向引导，三是要尊重学生的个性特征，四是要充分保证师生间、学生间在活动中的交流，五是教师要加强对学习活动的控制和引导。只有这样，才有利于语文教学实现全面教学的目标。总的来说，教师需要改变教学方式，使语文教学变得更为有效，并通过相互交流，使学生实现对语文学习的自我组织和建构，不断提高自身的语文素养，并在这一过程中找到适合自己的语言学习方式。

（四）建设开放的、富有活力的课程体系

1. 树立大语文教育观

大语文教育观指的是要克服语文教学中存在的如孤立、封闭等弊端，在教学内容、教学实施等方面实现根本性的变革，构建开放而富有活力的语文课程体系。在课程内容上，大语文教育观要求在语文教材中增加选读、选修的内容；针对学校的地方特征，在教材中还应加入适当的乡土内容；鼓励教师对语文教育资源进行充分的自主开发。在课程实施上，大语文教育观要求改变过去较为机械、僵化的课堂教学，通过多种方式为语文课堂教学注入活力；扩展语文教学的范围，使语文教学走向自然和社会，加强语文教学与现实生活的联系。对于目前的语文教学来说，增强语文教学的开放性，加强语文课程教学与课外的联系，加强语文学校教学与校外教学的联系，加强语文科目教学与其他科目教学的联系，已经成为语文教学改革的重要问题。未来的语文教育必将是一种开放的、融合的、充满活力的语文教育。

2. 增强课程弹性机制

《全日制义务教育语文课程标准（实验稿）》提出"应尽可能满足不同地区、不同学校、不同学生的需求"。其实，这隐含着课程在设置形态上要满足多样化的需求，我国不仅要注重国家课程的建设，更要积极开发地方课程和学校课程；教师不是教科书的执行者，而是教学方案的开发者，即教师要参与课程研制，学会动态进行自我调节，科学大胆地处理教材，在课程实施中不断生成与创新。

二、初中语文课程的目标体系

通过对课程标准进行分析可以发现，义务教育阶段的语文课程目标体系是作为一个整体一以贯之的。从纵向上来说，语文课程的目标体系是由总目标和阶段目标构成的。阶段目标对不同的语文教学项目提出具体的要求以及综合性学习要求。从横向上来说，课程目标的设计则是在"知识和能力""过程和方法""情感态度和价值观"三个维度下进行设计的。横纵结合，构成了有机的语文课程目标体系。

（一）初中语文课程总目标

1. 初中语文课程总目标的具体内容

初中语文课程的总目标包括以下几个方面的内容。

①在语文学习过程中，培养学生的爱国情感和道德品质，使学生形成正确的世界观、人生观、价值观，提高学生的文化和审美品位。

②在语文学习过程中，使学生了解中华文化的伟大，充分吸收中华文化智慧。引导学生关注当代文化，培养学生多元文化意识，充分吸收人类文化的优秀成果。

③在语文学习过程中，培养学生热爱祖国语言文化的情感，树立学生语文学习的信心，帮助学生养成良好的语文学习习惯，掌握基本的语文学习方法。

④在培养学生语言能力的同时，培养学生的语言思维和创造能力，使学生养成实事求是、崇尚科学的态度，养成科学的思想方法。

⑤培养学生进行主动学习、研究学习的能力，使学生在实践中不断加强对语文的学习和应用。

⑥具备一定的汉语拼音知识和能力，认识的常用汉字达到3500个。能够在一定的速度下，正确地、工整地书写汉字。

⑦具备独立阅读的能力，重视语文阅读的情感体感，在阅读中培养语感。掌握多种阅读方法，能够对文学作品进行初步的阅读理解和鉴赏，接受优秀文学作品中高尚精神内涵的熏陶。通过阅读丰富自己的精神世界，发展自身的个性。具备借助工具书，阅读简单文言文的能力。有一定的课外阅读积累。

⑧具备运用语文清晰、准确、有序地表达自己想法的能力。掌握日常生活中所需的表达与写作方式。

⑨具备基本的口语交际能力，能够在语言交际中表达自己想法、倾听他人交流，并展现出文明的修养。

⑩掌握使用语文工具书的能力。具备一定的搜集和处理信息的能力。

2. 目标设计的维度

与之前教学大纲相比，此次课程标准的一大亮点就是系统地提出了"三个维度"，旨在"凸显情感态度和价值观"，全面提高学生的语文素养；"关注过程和方法"，突出语文课程目标的实践性；增加知识和提高能力，适应现代社会对语文能力的新要求。三个维度在总目标中相互交织，形成了目标设计的以下特点。

（1）不同维度的侧重点

根据课程标准对语文课程性质与地位的解释，结合语文课程改革的理念可知，上述十个方面的语文课程目标的具体内容，是有不同维度的侧重点的。前五点从培养学生的语文素养出发，侧重目标设计的"情感态度价值观"和"过程和方法"两个维度；后五点则是从具体的能力出发，侧重的是"知识和能力"维度。

（2）不同维度的交融与渗透

语文课程总目标的设计除了在各点上有不同的侧重之外，其设计的三个维度之间也是相互渗透和交融的。无论是从综合的语文素养上来说，还是从具体的语文能力上来说，每一条要求中既有情感态度上的要求，又有过程和方法上的要求，所以对其要辩证灵活地理解。

（3）目标与时俱进

随着社会的进步，人们对语文知识和能力的理解也日益丰富。当今社会已是信息化社会，信息和信息传播呈现出明显的多样化和多渠道的特点，现代公民应具备的语文能力已不能仅仅局限于原来所理解的听、说、读、写能力，课程的目标应与时俱进，具有新的含义。

3. 目标设计的指导思想

（1）强调了学生的主体地位

在语文课程总目标中，"情感态度和价值观"维度上的表述就是以学生为学习的主体，以学生主体自身内在的发展需要为出发点，紧密结合语文课程的学科特点，避免灌输的方式，通过对学生进行情感和价值观的熏陶和引导，使学生实现在这一维度上的提升。在这个过程中，教师必须要使学生树立学习语文的自信心，只有这样学生才能养成良好的学习习惯。从学习方式上来说，课程目标对学生主体地位的强调体现在要求实施自主、合作、探究的学习方式，尤其是要通过探究学习，引导学生自主地发现问题，解决问题。在能力上，课程目标则要求培养学生独立的语文应用能力。也就是说，在语文教学中，要将学生作为独立的自我对待，尊重和鼓励学生独特的体验、理解和表达，使学生在语文学习的过程中，得到自我精神世界的丰富。在语文教育中，如果只以知识为教学的前提，以学生对知识单纯地接受为过程，以知识和技能的熟练掌握为目的，是难以实现学生在语文学习中的主体地位的。

（2）凸显现代社会的新要求

现代社会已经进入信息社会，针对现代社会发展的特点和要求，有必要培养和提高学生在信息方面的能力，也就是要使学生掌握一定的搜集和处理信息的能力。在现代社会中，人与人之间的交际变得越来越频繁，交际的作用变得越来越重要。因此，课程目标也将口语交际能力的培养作为一项重要的内容。现代社会的交往更强调文明、合作等精神，课程标准中也对这些方面的目标和要求有所体现。课程标准还纠正了过去大纲中存在的听、说能力分离且缺乏相互交流的表达的问题。现代人要想在社会中取得更好的发展，创新思维和能力是必备的素质。因此，语文课程的目标设计也突出和强调了这两项素质的培养，突破了过去仅在语文教育中仅强调语言能力的局限性。现代的语文教育更为重要的是要使学生掌握学习的方法，充分激发学生的创造力，从而促进学生获得全面的发展。此外，语文不仅仅是文化的载体，语文自身也是文化重要的组成部分。因此，语文课程目标还要求学生通过语文的学习培养自己的文化意识，了解中华文化，树立多元文化意识，积极吸收一切优秀的人类文化成果，实现语文学习与当代文化的紧密联系。

（3）突出语文课程的实践性本质

培养学生的语文实践能力是语文课程的一项基本目标。要实现这一目标，就必须以学生的语文实践为主要途径。要在语文教学中体现出实践性，就需要在语文教学的具体内容中提出实践性的要求。同时，语文课程目标也要求在语文课程教学中淡化对知识的系统教学的要求。例如：在写的教学上，语文课程目标强调学生写的能力，尽量减少知识性的要求；在阅读的教学上，注重学生阅读方法的掌握和应用，丰富学生的阅读积累；在写作教学上，强调学生的实际表达能力，尽量减少知识性的要求；在口语教学上，强调通过交际活动的实践，培养学生的口语交际能力。如果在实践中涉及必要的语文知识，教师也应采用将其与实践相结合的方式进行教授。

（二）初中语文课程的阶段目标解读

初中语文课程的阶段目标即第四学段（7—9年级）目标，在纵、横两个方向上与前三个学段都保持了内在的一致性，同时又形成了阶段的连续和梯度。各个学段的五个方面规定的学习目标十分明确，阶段性十分明显，同时，阶段目标很好地体现了学段之间的连续性。

1. 识字与写字

横向来说，第四学段的识字与写字也从三个维度提出识字与写字的学习目标，比较全面。第四学段的识字与写字学习目标既与之前学段的学习紧密联系，同时又遵循着循序渐进的原则，提出这一学段学习的具体要求，体现了教学目标的连续性和阶段性特点。

在第四学段中，课程阶段目标对学生识字与写字要求是学生要掌握具体的识字方法，使学生具备一定的识字能力，为学生今后的语文学习在识字与写字能力上奠定良好的基础。初中学段跟小学三个学段秉承一样的理念，重视教给学生基本的方法，并随着学段的提高，使学生的识字能力不断得到提高和发展。在初中阶段，学生应具备使用语文工具书识字、检字的能力。当学生具备独立的识字能力时，就能够不依靠教师，自主地进行识字、阅读、写作活动。

初中阶段在识字要求上，仍然重视扎实的识字基础，对识字和写字分别进行要求，并提出各自的目标；在书写教学中，教师要突出情感、态度、习惯目标，在识字和写字的过程中，培养学生的审美。

汉语言文字本身就是一种文化，其中蕴含着丰富的文化信息，写字既是一项重要的语文基本技能，又是一个人语文素养的体现。教师应引导初中生在小学掌握的基本书写技能的基础上，掌握书写规范、提高书写速度，养成良好的书写习惯，"体会书法的审美价值"。

2. 阅读

根据现代阅读理念，从一般意义上来说，阅读是搜集和处理信息、获得对世界的认知、发展个性思维、获得审美体验的重要途径。语文阅读的教学过程，实际上就是教师、学生、作品之间相互交流的过程。初中阶段的语文阅读以现代阅读理念为指导思想，采用了三个维度交融渗透的表述方式，按照一定的逻辑结构，从三个维度提出了15个目标。

语文课程改革所追求的目标就是要实现语文教学目标三个维度的融合。语文阅读就是要将"情感态度和价值观"的维度与阅读的内容与方法相融合。初中学段致力于从赏析文学作品的角度，使学生将自己的情感体验渗透到阅读的内容和方法中去，从中获得自己对自然、社会、人生的有益启示。

初中语文课程阶段目标强调阅读过程中培养阅读能力。阅读能力的形成不是一朝一夕之功，它必须在一定的阅读过程中逐渐形成。课程目标强调要在语文阅读的过程中，使学生的阅读能力得到发展。例如对朗读的强调、对多角度阅读的鼓励、对创意阅读的强调等，都充分体现了对阅读实践和过程的强调。

初中语文课程阶段目标强调阅读的个性与创造性。阅读是学生的个体行为，学生在阅读中会产生不同的体验，这也表明了阅读的个性特征。课程目标中对于"自己"一词的使用和表达，就体现着对学生个性阅读行为和学生在阅读中的主体地位的尊重。同时，阅读的过程也是一个探索和创造的过程。通过阅读作品，读者能够实现与作者的交流和沟通，这种交流的过程，充满了发现、质疑、思考和探究，学生作为读者，在阅读中会从不同的角度，采用不同的阅读方式，从不同的层面使自己的心灵与作品碰撞，形成自己独特的理解。

初中语文课程阶段目标明确了知识和能力的问题。新课标在对语文知识的表达和要求上，发生了较大的变化。新课标以应用和实践为指导思想，实现了语文教学由重知识教授向重能力培养的转变。在初中学段，语文课程阶段目标在知识和能力上要求对学生的语感进行重点的培养。学生的语感只有通过大量的阅读才能够得到发展。

3. 写作

在之前的学段中，写作是以"写话""习作"的名称出现的，而到了初中学段，课程目标才正式使用"写作"的名称。初中阶段的写作目标在与小学相承接的基础上，根据初中生的特点，对初中的写作提出了目标要求。

4. 口语交际

口语交际目标的特点如下。

①前瞻性。口语交际目标体现的是现代社会对未来公民素质的要求。这些目标的提出，实际上是为了学生未来的发展。

②三维设计，整体提高。口语交际的目标整合了三个维度的要求，三个维度相互渗透，互为一体。

③操作性强。口语交际的目标既符合学生的身心发展规律，也符合学生学习语文的规律，具有较强的可操作性，为教科书选择、编拟、确定口语交际教学内容提供了依据，也为教师教学提供了清晰的实施策略。

5. 综合性学习

综合性学习的设立在某种意义上体现了新课程改革的实质，即学习方式的改革。综合性的学习强调的是学科内外间的联系，强调的是学习的过程，强调的是对学生叙述创造力的激发，强调的是学生对知识的整合能力，强调的是在实践中对学生语文综合能力的培养。

初中语文课程综合性学习的目标特点主要表现在以下几个方面。

①凸显综合。语文课程本就身具有很强的综合性，同时，语文的主要因

素之间的相关性又很弱，这就形成了语文课程内容的综合性和异质性的特点，也就决定了语文知识的习得和运用不可能、也不应该是单一的，无论是从学习的目标、学习的领域还是学习的方式都会体现出综合性的特点。

②加强实践。对语文知识进行综合的实践运用是综合性学习的重要表现，综合性学习和实践能够促进学生语文运用能力的综合发展、促进语文课程与其他科目之间的交流。因此，综合性学习必须将实践放在首位。

③强调自主。基础教育的一个重要目标就是培养学生自主、独立的学习习惯和能力。综合性学习理应突出自主性，从策划、组织、协调、探究都由学生自行设计和组织，考虑到中学生的身心发展特点，特别注重探索和研究的过程，倡导学生重过程、重参与、重体验。

第二节 我国普通高中语文课程标准的解读

一、普通高中语文课程标准的结构与特点

（一）基本结构

高中语文课程标准是以模块的形式对课程结构进行设计的，要求学生通过语文学习获得全面的发展。具体来说，高中语文课程分为必修和选修两个部分，这也是其两大基本模块。

1. 必修课程结构解读

学校根据教材对高中语文课程的必修课部分进行模块的划分，每个模块需占用36学时，2学分。在高中语文必修课程教学中，教师要从"阅读与鉴赏"和"表达与交流"两个目标着手，提高学生的语文能力。在"阅读与鉴赏"目标下，语文教学的内容是具有一定的人文价值和审美价值，能够介绍一般文学常识的作品。选择这类作品的目的就是要充分体现语文课程的人文性，发挥语文教育对学生的熏陶功能，培养学生的阅读、鉴赏能力以及个人修养，提高学生的语文素质。"表达与交流"则要求通过教师引导，培养学生从多角度表达自己对自然、社会、人生等的看法的能力。学生也要注意提高自己人际交往的能力，主要应通过一些活动训练学生口语交际能力，如听录音、讲故事、朗诵、演讲、主持节目等；也可以设置一些情境让学生表演，如排练话剧等，但要注意各项训练应循序渐进，根据学生的心理特点进行。

2. 选修课程结构解读

高中语文课程的选修课程共分为五个部分，分别为诗歌与散文、小说与戏剧、新闻与传记、语言文字应用、文化论著研读。这五个部分又可细分为若干模块，从而便于具体的教学实施。选修课教学中，教师应以培养学生的兴趣、开阔学生的视野为出发点，而不能仅仅关注成果。学校在开设语文选修课程时，应根据学校的实际情况和学生的实际需求，对选修课进行有选择的设计和开设，并对模块的内容组合和顺序进行灵活的安排与实施。

（二）基本特点

高中语文课程标准与义务教育相衔接，同时又结合了高中教育和高中生的特点，在课程结构的设置上体现了新的特点和更高层面上的要求。其主要的新的特点和要求如下。

1. 衔接义务教育阶段语文课程

普通高中语文课程标准必须要体现出一定的现代性以适应时代发展的要求。这就要求课程的目标设计必须从课程自身的发展以及学生的特点出发；在内容上，充分重视语文教学的人文性，选择具有深厚人文内涵的作品，使语文课程有利于学生获得语文素养的全面发展；在教学策略上，要加强新型的、现代的学习方式的应用和推广；在评价上，要改变传统的评价方式；在语文课程的设计和实施上，还应该考虑到教学条件以及教学需求，使语文课程的设计体现出一定的适应性和包容性。高中语文的课程标准的表述在体例上与初中语文的课程标准相同，在设计的维度和框架上也基本保持一致。

2. 在结构上呈现新格局

高中语文课程遵循共同基础与多样选择相统一的原则，以促进学生语文素养的进一步发展和为学生个性化发展提供空间为目标，要求构建开放、有序的语文课程结构。我国普通高中的课程结构包括学习领域、科目、层次三个部分。其中学习领域由价值领域相近的课程组成，我国普通高中课程的学习领域共有八个组成部分，语文属于其中之一，并与英语共同组成语言与文学的学习领域。组成学习领域的科目又可继续被划分成若干模块，每一个模块都是该科目教学中相对完整的学习单元。

以模块为基本的结构单位，语文课程又分为必修和选修两大模块。其中必修课程下的每个模块都是综合的，而选修课程下的模块则属于不同的系列。为了增强课程的选择性，满足学生的多样化发展需求，在每个选修系列下，我国又进行了进一步的模块划分。学校可以根据教学资源的实际情况，结合学生的学习需求，按照各个系列的课程目标有选择地开设选修课程。

3. 采用学分方式进行调节和管理

课程以模块为基本的结构单位，学校可以用学分进行调节和管理。必修课和选修课统一按照模块化的模式组织语文教学内容的学习，为每个模块设计相应的学时和学分。这样一来，学校在课程安排上就具有了较大的灵活性，学生多样化的学习需求也能够得到更好的满足，学生能够根据自己的需求和情况，灵活地选择学习某个模块。

针对必修课，学生只有修够一定的学分，才能算基本完成语文课程的学习，这也是高中阶段语文学习的最低要求。学生可根据自己的兴趣、发展需要等，进行语文选修课程的学习，完成选修课程的学习，同样能够获得相应的学分。

二、高中语文课程的理念

（一）以提升语文素养和育人为理念

1. 对语文素养进行界定

在高中阶段，专家对语文素养的界定是，学生在语文方面所表现出的基本的、稳定的、适应时代发展要求的知识、能力、价值观念。这一界定充分体现了语文素养工具性和人文性相统一的内涵。

2. 指出语文课程的育人功能

语文教育不仅与学生目前的实际能力有着密切的关系，也影响着学生未来语文能力的提高和发展。为了促进学生不断发展，课程内容必须要包含一定的人文性内容。从学科上来说，课程内容又可分为专门内容、边缘内容、交叉学科内容。无论语文课程的内容是何种的，其最根本的目标就是兼顾学生的当前发展与长期发展，兼顾学生语文能力的提高与综合素质的提高。从功能上来说，高中语文课程具有多方面的功能，其中最重要的就是育人功能。

（二）注重语文能力培养

1. 应用能力

在高中阶段，语文课程对于学生在应用能力上提出了更高的要求。对于高中生来说，在语文能力上，他们需要掌握基本的言语交际规范，具备良好的语言文字应用能力。也就是学生的语文能力要能适应时代发展和自身发展的需要。从提高学生的语文能力上来说，高中语文课程的建设需要考虑两个方面的问题：一是在内容方面，要注意选择与学生实际生活联系紧密的内容，以满足学生当前学习和未来发展的需要；二是在课程的实施上，要重视应用性、实践性活动的设计和开展。

2. 审美能力

语文课程是培养学生审美能力的重要渠道，通过语文课程的学习，学生能够体验到语言美、形象美、情感美等各种美的感受。因此，教师在语文课程的实施中，也必须充分重视审美功能的发挥，培养学生形成自觉地审美意识，引导学生关注客观世界和现实生活，发现身边的美，将审美情趣与科学规律结合起来，提高学生的学习和生活质量。

3. 探究能力

探究能力是人获得良好发展的重要素质，也是当前时代对学生提出的要求。学生探究能力的培养应从小做起。对于高中生来说，他们在生理和心理上已经逐渐走向成熟，自我意识也在不断增强。他们通过阶段的学习，已经掌握了一定的关于自然和社会的基本知识，在语言知识和能力上也有一定的积累。这就为他们在语文课程中发展探究能力奠定了良好的基础。因此，高中语文课程必须要结合课程的特点，将培养学生的探究能力作为重要的目标。

（三）以共同基础与多样选择相统一为原则

高中语文课程在基础教育中具有重要的地位和意义。高中语文课程面向的是全体高中生，因此，高中语文课程必须使每一个高中生都能顺利完成规定的学习任务。也就是说，高中语文课程必须以共同性和基础性为原则。

从另一方面来说，高中阶段的学生具有较强的个性特点，这也使不同的学生在学习和发展上产生了需求的差异。同时对于不同的学生来说，他们的基础也都不同。满足学生的个性发展需求，决定了高中语文课程还必须具备一定的多样性和选择性。高中语文课程的建设必须要兼顾共同基础和多样选择两项原则。

在共同基础和多样选择相统一的原则下，高中语文课程设计分为必修和选修两个部分。必修课程以共同基础为主要原则，以培养学生的语言应用能力、思想道德、文化素质为目的，要求实现学生的协调发展。选修课则以多样选择为原则，满足学生的个性发展需求。

三、高中语文课程的目标体系

高中语文课程标准首先是从五个方面对必修课程和选修课程做出了总的要求，即"总目标"，之后又分别根据必修课和选修课两种课程体系拟定了具体目标。

（一）高中语文课程的总目标

高中语文课程的总目标共分为五个部分、三个层面：第一部分针对高中生学习语文的需要和态度，要求学生对所学的内容进行梳理，并结合进一步的语文实践，使语文素养的各个方面的要素融合为一个有机整体；第二、三、四部分大体体现了高中语文课程着重培养学生审美、探究、应用能力的思路；第五部分对学生提出相对来说更高的要求，把目标指向了创新。总目标的各个部分都整合了三个维度的学习要求。

（二）高中语文必修课目标解读

高中语文必修课分为两个方面的目标："阅读与鉴赏"和"表达与交流"。

1.阅读与鉴赏

高中课程标准对阅读与鉴赏共有以下八个要求。

（1）以人的发展为根本目的

从当前世界教育改革的趋势中可以发现，教育改革就是要充分发挥教育中的人文精神，将人的发展作为教育的重点，实现以人为本的教育。教育的一个重要的目标就是要丰富受教育者的精神世界，使受教育者在教育中形成完善的人格，获得人生境界的提升。从这一目标上来说，语文课程发挥着重要的作用，承担着促进人的发展的责任。在这一目标下，语文课程中的阅读与鉴赏，应从教育的本质角度进行理解，在活动中充分发挥其人文性。这就要求语文教育应通过阅读和鉴赏活动，引导学生加深对于人与社会、人与自然、人与人等关系的理解。虽然人们对于上述各种关系的认识具有一定的理性成分，但是从较大的程度上来说，还是通过情感活动获得的。因此，在语文课程的阅读与鉴赏中，更应该重视人的发展。

（2）培养独立阅读能力

独立阅读要求学生能够从整体上对文本内容进行把握，对文本的思路有清晰、明确的认识，能够理解文本所表达的观点和情感，能够对文本的主要内容进行概括。对文本的整体把握是学生理解文本观点与情感，概括文内主要内容的前提条件。

独立阅读还要求学生能够在阅读中独立发现问题，对文本进行独立的判断，从多样的角度对文本进行理解。这一要求也体现出了独立阅读的主体性和多元性。在独立阅读的过程中，学生还应注意避免脱离文本的分析，因此独立阅读活动必须具体到语言层面，从语言的含义、知识等角度，对文本进行语言的分析。

（3）个性化阅读

个性化阅读重视的是学生在阅读中的个体差异。因此，个性化阅读要求学生能够充分调动个体的知识和经验，通过主动的思维获得独特的情感体验。生活经验、知识积累肯定是因人而异的，学生在阅读文本时，对于其中的内容，必然会产生一定期待。当这种期待与文本相背离时，就会激发出学生浓厚的阅读兴趣。当一般性的阅读理解不能满足学生的个体需求时，他们就会自主地对阅读的内容进行再思考，使阅读进入反思阶段，向更高层次的探究性和创造性阅读发展。

（4）文本阅读

人们可以根据思维科学理论对文本进行类别的划分，思维科学理论将人的思维划分为分析、创造和实用的思维类型，不同类型的思维也与一定的语文能力相对应，其中分析思维对应的是语文探究能力，创造思维对应的是语文审美能力，实用思维对应的是语文应用能力。相应地，阅读文本可以分为论述、文学、实用三种类型。阅读不同类型的文本应有不同的侧重点。

（5）朗读

对高中生来说，朗读是他们把握文本感情和表达自己感受的一种有效途径，因此国家要积极提倡并要求学生形成一定的朗读能力。

（6）鉴赏的目的、态度和能力

学生在对文学作品进行鉴赏时，应形成积极的鉴赏态度，重视鉴赏过程中的审美体验，通过阅读鉴赏，陶冶情操。作为一项审美活动，鉴赏需要学生发挥主体积极性，并投入活跃的情感。学生对文学作品的鉴赏不能只是理性的分析，更需要有一定的审美体验。作为一项审美活动，获得精神的满足和提升，是其重要的目的。文学作品蕴含着作者丰富的情感和内涵，这对于学生精神世界的丰富和境界的提升具有重要的作用。学生只有通过鉴赏的情感体验，才能充分感悟作品中的人文内涵。

鉴赏能力的重点表现为对作品形象的感受、对作品语言的品位、对作品人文内涵的理解、形成自己的情感体验与思考四个方面。阅读文学作品的过程实际上是一个发现作品意义并对其进行建构的过程。作品的文学价值只有通过读者的阅读鉴赏才能够实现。文学作品的阅读和鉴赏具有一定的个性和主观性。因此，在阅读鉴赏活动中，教师必须要尊重学生的个性阅读理解和感受，鼓励学生对于阅读理解的个性反应和表达。

（7）文言文阅读

为了培养高中生的民族精神，教师还应要求学生阅读一定的中国古代优秀文学作品。针对高中生的特点，教师在阅读上应要求他们阅读一些简单的、语言较为规范、较易理解、典故较为常见的文言文作品。对于文言文的阅读，学生应注意两个方面的问题：一是要加强文言文作品的阅读积累，二是在文言文的阅读过程中，要摆脱脱离语境的、机械的文言文阅读。

（8）课外阅读

课程标准指出高中生阅读课外书的意义在于"丰富自己的精神世界，提高文化品位"，在量上也提出了具体要求，强调学会正确选择读物，并特别强调要阅读整部文学名著。

2.表达与交流

在高中阶段，语文课程以"表达与交流"的名称替代初中阶段"写作与口语交际"的表达。这种改变，一是与"阅读与鉴赏"的表达相对应，二是在能力的要求和层次上有所提升。

（1）表达与交流的基础条件

从客观上来说，生活是表达与交流的基础条件，因此语文课程要求学生对生活进行多角度的观察。同时，每个人都处在一定的生活环境中，因此对于生活的理解具有一定的主观性，这就要求学生要有丰富的生活经历和情感体验。对生活的观察只是一种手段，产生与人交流的愿望、通过交流表达自身想法与情感才是高中语文必修课在表达与交流方面的真正的目的。

（2）情感态度方面的要求

表达与交流在情感上要求学生能考虑不同的目的要求，表达其真情实感，培植其科学理性精神。教师应该重视培养高中学生表达与交流的自觉意识，所以高中课标要求学生能够以负责态度表达自己的情感，这一要求也是高中生心理成熟的表现。

（3）书面表达的基本目标

"观点明确，内容充实，感情真实健康"是写作的灵魂，也是以往大纲中对此方面要求的归纳，是情感态度方面的积极体现。做到这些基本的写作要求，仅仅从写作技术的角度理解是不够的，还要"在表达实践中发展形象思维和逻辑思维，发展创造性思维"，即重视发展学生的思维能力。

（4）写作的个性化目标

"力求有个性、有创意的表达，根据个人特长和兴趣自主写作。在生活和学习中多方面地积累素材，多想多写，做到有感而发。"这就是说，教师要在写作中培养学生的自我意识和独立的个性人格。写作对于每一位学生来说，其本质是认识世界、认识自我、进行创造性表述的过程。这里的创造性指学生具有自己的思想、自己的情感、自己的思维方式和表达方式，即写作个性。

（5）写作能力要求

高中语文必修课目标要求高中语文教育与义务教育相衔接，"进一步提高记叙、说明、描写、议论、抒情等基本表达能力""并努力学习综合运用多种表达方式"。高中语文必修课表达与交流目标要求从表达方式的多样化推动文体选择的多元化，通过综合运用多种表达方式来适当淡化文体界限以服从主体内在的表达需要。当然，表达能力最终会落实到语言运用上，"能调动自己的语言积累，推敲、锤炼语言，表达力求准确、鲜明、生动。"高中语文必修课表达与交流目标强调语言与文章思想、情感、思路、结构等的关联。

（6）重视写作中的修改和合作

高中语文必修课表达与交流目标要求学生努力做到"能独立修改自己的文章""结合所学语文知识，多写多改"，提示修改过程中可以凭借自己的语感，同时作为高中生，应该在语文知识方面有所积累，有所梳理，可以比较理性地审视和反思自己的文章，运用相关知识修改文章；"养成切磋交流的习惯。乐于相互展示和评价写作成果。45 分钟能写 600 字左右的文章。课外练笔不少于 2 万字"；高中语文必修课表达与交流目标重点从情感态度价值观的维度提出要重视修改中的合作，并提出了量化的指标，倡导学生要多写多练，在写作中提高能力。

（7）口头表达与交流的总要求

口头表达与交流的目标将口语交际的立足点放在文明交往上，强调"人际交往能力"，既侧重于情感态度，也体现了把高中学生人际交往能力视为其各种能力的综合外在表现，从培养"整体的人"的高度，引导高中生树立作为社会人的自觉意识。

（8）口头表达与交流的基本能力目标

能根据不同的交际场合和交际目的，恰当地进行表达与交流是口语交际能力的集中体现。教师应抓住口语与生活的密切联系和交际现实性的特点，选择学生感兴趣的、贴近生活的交际话题，使学生在不同场合有意识地锻炼口语交际能力。交际又特别重视现场感，学生除了有声语言之外，还要关注表情、手势等体态语言的自然配合。

（9）口头表达与交流的具体方式

口头表达与交流的具体方式包括演讲、讨论或辩论、朗诵等方式。《全日制义务教育语文课程标准（实验稿）》中对这些口语交际的基础要求已进行详细陈述，此处不再多加解释。需要指出的是，高中语文必修课目标更要求体现口语交际的论辩性、灵活性和感染力。

（三）选修课目标体系概述

课程标准所设计的五个选修系列中，"诗歌与散文""小说与戏剧"两个系列以基本的文学体裁设计课程，体现的是语文课程在教学内容上的联系；"新闻与传记"以具体的文本体裁为内容，体现的是语文课程与现实生活的联系；而"语言文字应用"和"文化论著研读"则是新开设的两个学习的系列。其中"语言文字应用"系列在社会和时代大发展中不断增强学生应用、整合和实践祖国语言文字的意识；"文化论著研读"则以培养学生的思维方式和探究能力为主要目的。

第三节 我国语文课程标准的应用

一、以意识指导课程标准应用

语文教育工作者一方面要在语文教育理论学习和实践训练中研究课程标准，另一方面要在从事语文教学的过程中，时时有针对性地反复研究课程标准。前者是为了全面、深入领会国家对语文课程与教学的基本指导思想以及规定的目标、任务和各种要求，进而做好语文教学工作；后者是为了针对每一次具体的备课活动进行局部的研究，寻求课程标准对某一具体教学任务的指导作用。因此，语文教师必须树立课程标准运用意识，有意识地运用课程标准的基本理念和基本要求指导自己的教学实践，顺应时代发展，满足社会对各类人才培养的语文素养要求。

二、以课程标准明确语文课程的性质与导向

课程标准总会体现出时代对于语文课程的思考和认识，虽然这种思考和认识体现在课程标准方方面面的内容中，但是又都会由一个总的精神统率着。如果能首先抓住这个总的精神实质，那么课程标准具体的内容就容易被理解了。通过前面对课程标准结构的分析可以发现，两套课程标准都设置了性质与理念内容，而且一致，这体现了国家对语文课程设置及教学实施宏观方面的要求。理解了这些内容，也就抓住了现行语文课程标准的精神实质，明确了语文课程的性质定位和基本导向。语文课程性质的定位是语文教学论研究有关问题的基础和前提，是一个全局性和根本性的大问题。它既是一个重要的理论问题，也是一个关系到语文教育实践的重大问题。只有正确地认识到语文课程的性质定位和基本导向，才能谈得上应该确定什么样的教育目标，

承担哪些教育任务，教学中应该遵循哪些教学原则，运用什么样的教学方法等一系列问题。

三、科学整合语文课程目标

语文课程目标是语文教学预期要达到的标准，直接而宏观地指示着语文课程和教学的方向。两套新的课程标准关于课程目标的确定又都融合了三个维度的要求，将课程的内容结合在"目标"中叙述，将语文知识和能力、过程和方法、情感态度和价值观整合在一起进行描述。所以，语文教师首先应该全面了解课程的目标，把握其体系和内容，明确规定了哪些目标，这些目标又包含了哪些方面的内容。其次，语文教师必须明确，语文课程只是指南与依据，而不是教学的依赖对象，更不是教学内容本身。虽然课程标准既规定了总目标，也规定了阶段目标，但相对于教学目标来说，它们都是高度概括的目标，这就要求教师在备课时要找出课程目标与具体教学内容间的联系，揭示教学内容中知识和能力的相互关系，全面、准确地理解教学内容中的"双基"因素，注重"过程与方法"的习得，挖掘教学内容中的情感态度与价值观的因素，科学整合三维目标，确定教学目标的类型、内容和相应的学习水平，进而在教学阶段中加以落实。

四、联系实际选择语文课程教学方法

课程标准中对教师起到较为直接指导作用的应该就是"教学建议"。这些教学建议对教师进行教学设计和教学实施提出了基本的要求，需要教师在备课时认真学习和研究，将其积极倡导的教学理念真正体现到教学设计和实施过程中。在初中和高中两个阶段，"教学建议"部分给出的各项建议在实施要求层面是有区别的，像高中课程标准中的"全面发挥语文课程的功能，促进学生素质的整体提高"类似于宏观要求，需要从整体上把握；像"针对高中语文课程的特点实施教学"等建议，类似于教学原则，在教学中是必须执行的；而像"关于必修课的教学"之下的关于某一方面的"建议"，例如"阅读论述类文本，教师应引导学生⋯"就比较具体，对于这些建议，教师要逐条把握，在落实的过程中，还要注意这种建议只是一种参考，它给教师留有很大的选择空间，所以语文教师一定要联系实际，紧紧围绕具体的教学内容和问题学习选择适当的教学方法。

第三章　新课程背景下的中学语文课堂教学模式

中学语文在我国的教育中占有很重要的位置，是中学教育的中心内容，其目的主要是培养学生的语文综合素质。但是在目前的中学教育中却存在着一些问题，制约着现阶段中学语文教学的发展。在新课程的背景下，我国应改变传统的教学模式，对语文课堂教学模式进行创新，从而提高中学语文的教学质量。

第一节　教学模式概述

一、教学模式的概念

教师在长期教学中会不断积累经验，慢慢养成自己的教学习惯，对教学目的和教育思想的理解也渗透在自己的课堂教学中，形成自己的教学风格，教学模式就是在此基础上形成的。可以说，教学模式是指融入某种教育理念的较为成熟的理论化教学活动，一般指的是具有相对规范的活动程序。

二、教学模式设计的原则

教学模式是教学理论的应用，同时它对教学实践又起到了指导的作用，可以说教学模式就是教学理论与教学实践之间的桥梁，它能将教学实践理论化、简约化，在此基础上它还可以丰富和发展教学理论。

（一）删繁就简

在进行语文教学的过程中，教师都会遇到一种困扰：再有天赋的学生，也无法将一堂语文课中的所有内容全部记住、全部吸收。所以，教师可以在语文教学模式中采用"以少胜多"的方式，即教师在课堂教学中要对教学内容进行取舍和删减。

在课堂教学中，教师以课文作为原生文本，但是在一篇课文中，所阐述的内容是非常多的，而课堂的时间却是有限的。所以，教师除了要考虑教材中的课外的原生文本价值之外，还要考虑到以下问题。

①这篇文章作为语文教材中的课文出现，它的意义是什么？

②编者的编选目的是什么？

③教师最应该让学生了解的文章核心内容是什么？

教师必须要能够敏锐地捕捉到教材中的核心价值内容，从而能够更好地传达给学生。

教师与学生之间有着年龄与身份的差异，所以在认知上也同样有着区别。例如，一篇课文即使再复杂，学生仍然会在其中理解出一些不同于教师的体会。所以，教师应该鼓励学生进行自主学习，当遇到一些晦涩难懂的内容时再耐心教导学生。在教学过程中教师应该明白欲速则不达，广种而薄收的道理。

（二）精雕细刻

中学语文教学模式的设计要体现中一种"层次感"，这种"层次感"就是通过对细节的雕琢、层层深入来实现的。就像做一个核桃雕一样，要想在有限的平面以及背后开发出巨大的空间，一定要依赖于层次感的塑造。层次感的塑造来源于对细节的把握，因此，教师要善于总结教学内容细节中的难点与重点。

（三）把握深度

中学语文课的深度不仅仅关系到学生对知识的掌握，还会影响到教师对学生思维深度的挖掘。当前的语文课堂教学模式很容易变成一种流水线般的表演。教师饱含激情地念着一句句华美的台词，配合着多媒体课件的演示，并且有时还会配有背景音乐。教师把一节课搞得热热闹闹，激情而华丽，但是却让人感到空洞而造作，缺乏语文教学的内涵，失去了语文教学真正的意义。过分注重形式，既无法给人艺术的感染和思想的启迪，又不会在学生的心中留下一丝波澜。因此，教师对教学模式的设计要同时兼顾感性与理性，在用感性的内容打动学生时也要用理性的思维来引导学生。

（四）注重布局

注重课堂教学模式的布局也就是控制课堂的节奏。备课时，教师要牢记格局意识，安排好整节课的步调，同时还要把握好各个板块之间的衔接关系。注重布局也就是注重课堂教学模式设计中的联系性，而这种联系性通常体现在以下三个方面。

第一，每篇课文或者每个单元的教学设计都不是孤立存在的，它意味着上一次教学的结束和下一次教学的开始。教学模式设计的作用就是不断优化整个教学过程，使整体达到更加和谐的状态。

第二，语文作为一门工具学科，教师应该注意将它与其他学科相联系，为学生特别是低年级的学生学好其他学科提供帮助，因为语文是一门包蕴万千的学科，反过来，学习好其他的学科也有利于学习语文。

第三，联系性还体现在新知识与旧知识之间，温故而知新，教师要注意引导学生巩固旧知识。在日常学习中，学生对理科的学习还有快速提高的可能，而对语文的学习只能踏踏实实，一步一个脚印才可以提高，所以学生一定要在学习新知识的同时对原有的知识进行巩固。

（五）留足空间

在语文课堂教学中，教师将整堂课的所有时间都用来教授学生知识也是行不通的，而要给学生留出一定的时间。

第一，要给学生留出心平气和读书的时间。在传统的语文教学过程中，教师通常都会给学生留出熟读课文的家庭作业，到了上课时间直接进行讲解。有的学生会敷衍了事，有的学生则会忘记在读课文时的思考和情感状态。如果学生没有先行的感知过程，教师讲再多也无法进入他的思维系统。所以，教师不要觉得让学生在课堂上读课文是在浪费时间。

第二，要给学生留出大胆质疑的时间。在我国传统的教学模式中，教师的地位是不容撼动的，但是学无止境，一个人所能掌握的知识不可能是无穷无尽的，所以对于学生而言，他们有权利对教师提出质疑，因为教师也有犯错的时候。学生应该勇于思考，并且提出自己的问题、表达自己的见解。而教师应该与学生在平等的氛围中进行教学，并且要最大限度地鼓励学生提问，认真对待学生的问题，哪怕学生提出的问题并不具有太大的价值，甚至比较幼稚，也应该对其进行引导。

第三，要给学生留出反思的时间。在教学的过程中，教师要尽可能地调动学生的感官，让学生去感受和思考，让学生在反思的过程中消化课堂的内容。这个不断思考、消化的过程对学习效果的有效达成大有裨益。

三、教学模式的特点

（一）操作性

教学模式具有操作性强的特点，是一种具体化的教学思想或理论。它能够将教学理论或者教学活动中最核心的部分以一种简化的形式呈现出来，并且可以为抽象的教学理论提供一种更加具体化的框架，使教师以此来进行教学实践。教学模式不仅能够使教师明确教学行为,而且可以清晰地呈现出教学过程,使教师更加清楚地理解和掌握教学理论,并能够将其熟练地运用。教学模式的可操作性是它不同于一般教学理论的一个重要的特点。

(二) 简约性

教学模式具有简约性的特点,它能够简化教学活动模式和教学理论框架。教学模式可以在不同的教学阶段中,用一些关键词或者流程图进行总结,将复杂的教学活动和抽象的教学理论,用更加简单、清晰的形式来表现,更便于教师理解和运用。

(三) 指向性

教学模式具有指向性的特点,所有教学模式都是围绕着教学目标来设计的,每种教学模式必须在一定的条件下才能够被有效地运用。所以,没有一种教学模式可以适应所有的教学过程,也无法选择哪一种教学模式是最佳的。因此,教学模式需要根据不同类型的教学目标而设计和使用,以便教师选择适合特定目标的特定模式。例如,适用于理科的教学模式就不一定能够适合文科教学;实践教学模式有利于知识和技能的培养,但不适合培养学生的探究精神。因此,教师有必要特别注意教学模式的指向性。

(四) 整体性

教学模式具有整体性的特点,可以说它是教学现实和教学理论构想的统一。任何一种教学模式都需要由各个要素才可以构成,教学理论与教学过程中任何的缺失都无法将教学模式的功能发挥出来。因此,在应用中,教师必须把握整体,不仅要透彻理解其理论原理,还要把握其方式方法。忽视教学模式的整体性,放弃理论学习,简单地应用其程序步骤,这种做法不利于教学水平的提高。

(五) 更新性

教学模式具有更新性的特点,虽然教学模式在形成中都会保持一种相对稳定的结构,但是这并不意味着教学模式将永远不会发生改变。因为随着教学实践与教学理论的不断发展和变化,教学模式也在不断丰富与完善。可以说教学模式是一个动态的、开放的系统,它的改革与发展正是其有效性的重要保障。

四、中学语文教学模式的指导性理念

在中学语文教学模式的选择中,遵循指导性教学理念是确保教学模式科学化推进的前提条件。客观地讲，没有一定教学理念指导的教学实践是不存在的，教学实践的区别仅仅在于所依托的教学理念品质与水准的差异而已。显然，陈旧的指导性教学理念无益于语文教学活动的科学化展开，而先进的指导性教学理念能够使语文教学活动达到事半功倍的效果。在当代中学语文教学活动中，语文教师需要掌握以下几个基本教学理念。

（一）教学同步

选择与设计教学模式的关键问题是如何处理好教与学的关系问题。在中学语文高效率教学中，学生的学习活动始终是主旋律，教师的教授活动是重要支撑，一旦教师的"教"与学生的"学"同步起来，并发生积极的相互作用、信息交换、情感交流、精神互动，语文教学活动就能够达到一种理想的效果。

1. 语文教学对话

语文教学是师生间围绕语文课程展开的一种对话活动，师生之间的平等参与、共同配合至关重要，是促使整个教学活动真正发生并产生效果的核心要素。语文教学对话是师生间围绕"语文"这一语言学习目标展开的对话活动。

语文教学对话不是简单的交流、交谈，而是面向学习者语文知识形成、语文能力生成、语文素养发展的一场思想交流、人际交往活动。在教学中，师生可以围绕生活进行对话，也围绕思想问题与情感问题展开交流，还可以围绕自己感兴趣的话题展开交流。在交流中，师生能够进入语言所表达的那个生活世界和作者的心灵世界，实现与作者、与文本之间的对话，达成对他人、对外物的理解。

语文教学对话是中学语文教学的主导形式，是学生和语文教师之间实现认知、精神、价值互构的基本途径，对话精神是语文教学活动科学化的精髓，围绕生活世界开展以语言为媒介的对话，是语文教学活动的实质。在实践过程中，师生间的语文教学对话经常采取的形式就是问答活动，师生间的问与答是语文教学对话赖以展开的具体依托。

2. 最近发展区意识

在设计与选择语文教学模式中，教师应该要实现与学生的教学同步，所以必须关注一个重要的问题，即教师要有最近发展区意识，努力把自己的"教"牢固地建立在学生的"学"上，实现教与学之间的无缝式连接。

维果茨基提出的最近发展区理论认为：学习者在发展中可能会出现两种发展水平，一种是自然发展水平或现实发展水平，另一种是在教学活动作用下达到的可能发展水平，这两个水平间的差距正是所谓的"最近发展区"。

在中学语文教学模式设计中,任何教学效能的取得都必然是基于学生的既有发展水平上的,这就要求语文教师必须要有"基础意识",充分把握中学生的四大学习基础,即身心发展基础、人生经验基础、兴趣爱好需要基础以及语文知识能力基础。中学语文教学模式的设计与选择只有建立于学生的学习基础之上,教师的"教"与学生的"学"之间才可能发生实质性的相互作用,最终产生教学效能。

中学语文教学中的"教学同步"不是要求师生之间保持亦步亦趋的关系,而是基于学生的"基础"但又适度超越学生的"基础",努力实现学生语文素养的最优化、最大化发展。在中学的教学活动中,要求语文教师必须把握好教学的"度",如教学的难度、速度、进度等问题,做到循序渐进、适度而止。

(二)立体开放

语言是生活世界的再现与反映,因此,语言只有面向生活世界,向周围世界"敞开",才可能实现其存在。在中学语文教学活动中,教师要把教学活动向三个维度开放,努力创造出一种开放化的语文教学形态,努力体现语文教学活动的活力与生气。

1.语文课堂向课外开放

语文课堂教学是中学生语文学习的基础,但若仅仅将教学活动局限于课内,局限于课本,整个教学活动就会在学生心目中失去地位,蜕变成为束缚中学生自由思想的桎梏。因此,在设计与选择语文教学模式中,教师要大力发展语文第二课堂,将语文课堂教学与学生的语文课外活动结合起来,不断拓宽语文学习的途径。客观地讲,中学语文课堂学习的结果需要中学生到课外去练习、去使用,才可能达到学以致用的目的。离开了课外语文学习活动,离开了语文第二课堂,语文教学活动的魅力就会大大下降。

2.语文教学向生活开放

教师在设计与选择语文教学模式的时候,需要结合学生的生活经验,应该鼓励学生把课外生活经验带进课堂中来,尤其是要善于利用生活中的故事、游戏、感悟来拓宽课堂教学的视野。因此,语文教学要向学生的生活开放,把他们的生活经验、故事、感受引入课堂中来,其教学活力就会显现。生活是语言的源头活水,学生的识字教学、阅读教学、作文教学等,都要以生活为依托,生活是语文教学的资源总库。正是如此,语文教学应该"在生活中,借助于生活,以生活的形式"来进行,教师应不断提高语文教学的生动性趣味性。

3. 语文教学向学生开放

在设计教学模式的过程中，教师要重视学生的参与性，为学生提供课堂参与的机会，充分调动他们的主观能动性与积极创造性，这是将语文教学向中学生开放的客观要求。为此，中学语文教学要给学生提供参与的机会、表演的机会以及展示的机会，在课堂应用中，增进语文教学对他们的感召力与吸引力；语文教学要坚持以学生为本，让学生在课堂教学中扮演主人角色，把课堂还给学生，让学生语言方面的主观能动性、创造力、表现力得到充分展现。让每一个中学生在课堂中找到自己的地位，找到展现自己语文素养的舞台，是富有成效的中学语文教学要求。

（三）人文交融

语文教学是具有鲜明的文化性、人文性与文学性的教学活动，将语文教学与文化传承融为一体，促使语文学习者的"人"与语文学习的对象——"文"之间的紧密结合，是中学语文教学活动之所以能够感动人、启迪人、引导人的缘由。其次，中学语文教学活动是引导中学生的价值构建，催生他们的健全人格的武器。将语文教学活动与对中学生的"人的教育"统合起来，提出语文"文以载道"的特点，是中学语文教学活动人文化的诉求。因此，在中学语文教学模式设计中，教师要努力展现语文教学活动的"披文入情"的要求，将语文教学与人文情怀的表达统一起来，激发中学生的语文学习兴趣，助推他们健全人格的形成。

五、中学语文教学模式中的素质教育

（一）确立全面的教学目标

素质教育的核心精神之一是促使中学生全面发展，体现在中学语文教学活动中，就是全面的教学目标，即在中学语文教学活动中，教师不仅要培养中学生的德智体美等各发展素质在内的综合素质，还要让中学生在身心发展的各个方面都尽可能得到锻炼与培养。

素质教育所倡导的教学目标是"三维教学目标"，即新课程改革中提出的知识与技能、过程与方法、情感态度与价值观。三维语文教学目标共同决定着教学目标的制定，其进步意义就在于它打破了传统的、单纯关注知识与技能的"双基"式语文教学目标的限制，将中学生发展的目标延伸到人的更深层次的发展——情感态度与道德价值领域，使教学目标能够全面、深刻地反映社会、学习活动本身对教学活动的要求。在素质教育精神的引领下，三维语文教学目标赋予语文学科教学目标以新的内涵与使命，具有更丰富、深刻的内涵。三维语文教学目标是指现代教学活动应该承担起学生三个方面发展的任务，即知识与技能传授、引导学生学会学习、体验学习，引导学生学会做人，并将这三个任务有机贯穿到语文教学活动的全程中。

当然，三维语文教学目标是在具体语文教学过程中复合起来的，具体的语文教学活动过程是三维目标的统一体现。在中学语文教学过程中，教师要善于利用一切教学活动与教学环节，利用一切教学事件与教学形式，来体现三维语文教学目标，努力将三维教学目标贯穿于中学语文教学活动的全程中去。在实践中，主题教学是实现三维语文教学目标的有效途径。围绕一个语文教学主题，科学安排、有机整合语文教学的各项目标与任务，借此全面发展中学生的各种素质，是优化中学语文教学活动的科学思路。在这个方面，教师可以展开探索，努力使三维教学目标在语文课堂教学中获得一种科学化的实践形式与教学形态。

（二）关注中学生个体差异

素质教育不仅强调要让每个中学生全面发展、主动发展，更加强调的是让每一个学生实现个性化发展，关注中学生个性的发展，是中学语文教学活动要承担的另一重任；因人施教、助长个性是素质教育的重要理念，关注人与人之间的个体差异，利用语文教学来促使中学生个性化地发展，使中学生的个性得到充分发展，是素质教育背景下中学语文教学活动必须思考的问题之一。

语文教学的效能不仅体现在中学生的共同发展、全面发展上，还体现在中学生的差异发展上。社会需要的是各种各样的人才，中学生的个性差异，不但不应该被压抑，而且还应该对之进行刻意的呵护和培养。尊重与培养中学生的个性，是高效能教学的鲜明特征之一，认识学生个性差异，是在语文教学活动中实施素质教育的另一重要思路。

在语文教学中，中学生之间的语言水平、习惯、方式、潜能的差异是开展教学活动的重要资源，中学语文教师必须尊重并善于利用中学生的这些语言差异，并力求在差异共享中促使中学生集体语言素养的稳步提升。另外，加德纳的多元智能理论告诉人们：中学生的语言智力是多元智能中的一种，有所差异是必然的，中学语文教师有义务让每个学生的这种智力都得到立足于原有基础的最大化的发展。在语文教学中，教师应该创造条件，让每一个学生的语文智能都能够在既有基础上得到个性化发展，以促使中学生在各个方面都得到个性化发展。在具体教学中，教师要促使中学生语文智能的个性化发展，就需要借助多样化教学评价方式，如质性评价、发展性评价、多尺度评价、自我评价等，来促使每一个中学生的语言智力都得到发展，让每一个中学生都从中学语文教学中受益。可以说，利用个性化的语文素养评价方式，给中学生语文智能的发展提供及时的反馈，是中学语文教学更好地促使中学生语文素养发展的重要条件。

（三）优化课堂教学结构

素质教育的要义是让中学生获得全面的发展，而这种发展目标必须借助于课堂教学结构的优化来实现。在中学语文教学中，教师在各个教学环节的安排与组织上，都要最大化地尊重每一个学生，让中学生成为语文课堂的主宰者，让他们愿说、想说、敢说、愿做、想做、敢做，尽情释放他们在语文活动中的创造力。要达到这一目标，教师要在语文教学方式上自觉实现以下几点。

①从"教语文课"走向"做语文课"，让语文教学成为师生共同的作品、共同的舞台、共同的话语空间。"教语文课"的语文教学活动观，实质上是把教学活动视为一种简单的语文知识、技能授受的过程，将之视为中学生机械接收语文教学信息的过程，学生在课堂教学中的参与度不够，积极性不高；"做语文课"的语文教学活动观则强调每一节语文课都需要师生的共同配合与参与，需要师生各自展现自己对教学活动的理解与认识，否则教学活动就无法顺利进行。"做语文课"的语文教学活动观试图将语文教学活动变成一个立体的教学过程，它必将促使中学生获得全面、立体、自主的发展过程。

②以导学、导读、导生为主线，把语文教学活动构筑成为一个助学系统。要释放师生在教学中的主体性，教师就必须转变教学活动的本质观，弱化教学的"教"的含义，强化"以学为本"的"学"的含义，树立"以学定教""教学互依"的新教学观，不断增强教学活动的助学功能。

③营造民主的语文教学氛围，为中学生参与语文课创造主观条件。中学生主体精神的绽放，需要以民主、自由的教学氛围为支撑，因此，努力营造民主的语文课堂教学氛围，为学生创造一种宽松的教学环节，是激发中学生自主精神的必需条件。

④大力开展学法指导，教会学生学会学习，让中学生成为学习活动的主角。教法的基础是学法，教法必须依据学法来设计，这是现代中学语文教学观的重要内涵。因此，在中学语文教学活动中，教师必须通过学法指导来落实学生作为学习主体的地位，把每一个中学生塑造为语文学习的真正主体。

（四）重视语文素养教育

在新语文素养观的指导下，教师应该科学处理好语文学习者与语文学习之间的关系，确立"以文促人""以人促文"的新型语言学习心态。在实践中，语文教师要确立语文教学"为学习者服务"的理念，将语言实践、语言运用作为中学语文教学的根本途径，让中学生在学习语言、运用语言中生成语文素养；要将语文作为一个整体进行教学，坚持语文的工具性与人文性价值统一观，按照现实生活的需要来进行语文教学，自觉服务于学生信息交际与思想交流，体现语文教学对学习者生活及发展的实际意义；要重视语言环境的建设，尤其是普通话这一语言环境的建设，让语言环境成为沟通语言教学与语言运用的桥梁，把语文教学与日常生活交际密切联系起来，形成良好的语文教学局面。

六、中学语文特色教学模式的构建

在新课程的背景下，语文教学模式改变了传统一味地将知识灌输给学生的教学模式，而采用了因材施教、以人为本的教学模式，以学生自身为出发点，建设有特色的教学模式，以此来调动学生对语文学习的主动性与积极性，挖掘学生的潜力、提高学生的思维能力。

（一）兴趣是构建特色教学模式的基础

若想调动学生对学习的主动性，兴趣是学习的关键，只有激发出学生的兴趣，才可以真正地达到教学的目的。学生通过直接感知来学习语文知识，通过形象思维来理解问题，对于抽象的事物学生们则很难理解。所以，在教学过程中，教师需要设计一些课堂活动，使学生能够身临其境，不仅可以使学生更加生动具体地理解课堂内容，而且可以增强学生的实践能力、培养学生的创造力以及鉴赏能力。教师可以在教学中鼓励学生参与课件的制作，还可以设计一些竞赛，激发学生的竞争意识。而对于一些可以表演成短剧的课文内容，教师可以让学生们角色扮演，以小话剧的形式表现出来。这种教学模式不仅仅可以激发学生对学习的兴趣，而且可以让学生对语文知识内容的印象更加深刻。在教学过程中，教师不仅仅要完成传授知识的任务，而且还要引导学生自主地学习，养成良好的学习习惯，激发学生的学习兴趣，进而提高学生的语文水平。

（二）构建理论和实际相结合的特色教学模式

在传统的教学模式中，语文教学是与现实分离的，而在新课程的背景下，教师要将语文教学与生活紧密地联系起来，将初中语文教学生活化，把理论教学与学生的生活环境结合起来，使学生能够将课堂上所学习的知识在生活中运用起来，使学生走出理论化知识的限制，而真正地做到学以致用。教师要合理地设计教学模式，将教学知识能够贯穿于生活之中。

（三）创建发散学生思维的特色教学实践

教师应该在语文教学的课堂上发散学生的思维，让学生充分地表达自己的见解和想法，以此来提高学生的思维能力。在教学过程中，教师应该设置一些能够在课堂上与学生进行交流的环节，使学生能够围绕着教师所给的话题自由地讨论。这种交流的目的并不是为了得出某种结论，而是为了使学生能够在交流的过程中丰富和延伸课堂中所学习到的知识。虽然是自由的交流，但是教师也要对其进行正确的引导，不能使交流混乱无序，可以提前给学生们布置一些与教材相关的问题，使其思考，然后让学生在课堂上积极地讨论，实现其情感和思想的构建，提高其综合学习能力，发展其创新思维。同时，教师要把握好问题的难度，过难的问题会打击学生学习的积极性，而过于简单的问题则会使学生提不起讨论的兴趣，所以教师要根据学生学习的情况设置一些有意义的问题，在引导学生交流的同时培养学生思考的能力。

（四）实施因材施教的特色教学模式

教师在设计和选择教学模式的过程中，要考虑到学生的差异性，由于每个学生的学习能力、接受能力、性格都是有区别的，所以教师要根据学生自身的情况因材施教，不能一概而论。在教学过程中，教师应该根据学生对知识的掌握情况对学生设置不同的问题，让学生们分别回答。同时，教师也可以设计小组讨论的环节，加强学生合作交流的能力，这种教学模式能够使每一个学生都发挥出自身的优点，从而可以全面地提高学生的学习能力。

在新课程的背景下，教师要结合实际，提高学生的语文素养，合理地设计课堂教学活动，充分地发挥初中语文特色教学模式的优势，使课堂教学变得丰富多彩，为国家培养更多的创新型人才。

七、评价教学模式的有效性

教师所选择与设计的教学模式是否有效，可以从以下两个方面进行判断。

（一）从学习者的认知情况和情感目标达成情况来判断

教师在对教学模式进行设计与选择的时候要注意两点：一是要体现出教师的主导作用，二是要体现出学生的主体地位。学生不仅要在学习的过程中扩大知识的范围，而且要在认知与情感上有所收获。教师既要引导学生形成良好的人生观、价值观、世界观，又要培养学生良好的道德观，使学生在学习的过程中能够有积极的情感体验以及学习成就感。

（二）从教学模式与教学环境的切合度来判断

教师在对教学模式进行设计与选择的时候，必须要考虑到是否符合当下的教学环境。教学模式无法脱离现实的环境而单独存在，只存在最适合当下环境的教学模式，而不存在最好的教学模式。因此，在设计和选择教学模式时，教师要从可操作性、成本、时间、精力等角度去考虑，从而选择其中最适合的教学模式。

第二节 我国中学语文典型教学模式探讨

一、讲授式教学模式

讲授式教学模式也就是教师以叙述的方式将知识传授给学生，这种教学模式的形式就是教师在讲台上讲述，学生在座位上听，属于一种被动的教学模式，同时也是我国最为传统和普遍的教学模式。讲授式教学模式历史悠久，在多种学科中都有所运用，但是其劣势也较为明显。讲授式教学模式一味地传授知识，不考虑学生学习的得失以及学生的学习自主性，久而久之则会偏离原本的教学目的。但是，教师并不是不能用这种教学模式，而是不能够滥用，教师要学会在合适的时机来运用这种教学模式。

（一）讲授式教学模式的作用

1. 讲授式教学模式有助于解释教材、拓宽内容

讲授式教学模式在解释教材、补充资料、拓宽内容等方面发挥着不可替代的作用。教材中的课文仅仅是一个例子，当教材中的内容不能满足学生的需求时，教师应该补充相关知识的介绍、相似事物的比较等。

2. 讲授式教学模式有助于引起学生的学习动机

讲授式教学模式是能够激发学生的学习动机的一种必不可少的教学模式，在新课开始之前，教师需要介绍和解释与教材相关的内容，从而调动学生现有的知识和经验，使学生发挥充分的想象力，将原有的知识与新的知识结合起来。

3. 讲授式教学模式有助于培养学生的倾听能力

如果想要提高学生的口语交际能力，首先要让学生学会倾听。如果教师

的讲授清晰生动，学生日积月累、耳濡目染，其语言能力也会逐渐得到提高。

4. 讲授式教学模式有助于节省教学时间

如果班级人数较多，讲授式教学模式则是最有效的一种教学模式。在有限的教学时间中，教师无法让每一个学生都能够表达自己的想法，因此，为了能够让学生都有所思、有所得，讲授式教学模式是最合适的一种教学模式。

综上所述，如果教师能够将讲授式教学模式运用得当，它将会成为一种持久的、不可替代的教学模式。

（二）讲授式教学模式的缺点

1. 学生容易疲惫困乏

由于讲授式教学模式缺少师生间的互动，教师独自讲述的时间过长，会很容易使学生产生倦怠感。普通学生很难保持超过30分钟的注意力，因此，教师不能长时间使用这种教学模式。

2. 不利于学生自主学习

学生对学习的态度直接影响到学习效果，讲授式教学模式通常是教师的个人活动，而学生在教学过程中扮演着听者和记录者的角色，缺少主动性。因此，这种教学模式不利于学生自主学习和思考。

3. 不利于教师因材施教

讲授式教学模式更加适合人数多的班级，由于课堂时间的限制，教师很难满足个别学生的兴趣与需求，因此，教师无法顾及学生之间的差异，难以做到因材施教。

二、对话式教学模式

目前的对话式教学模式并不专指传统提问和回答的模式，它还包含了许多其他的形式，例如，学生向教师提问、学生向学生提问的方式等。但是这种教学模式仍然是以提问为中心的。这种教学模式历史悠久，直到今天，对话式教学模式仍然是语文教学中广泛使用的一种不可或缺的教学模式。

（一）对话式教学模式的作用

1. 可以了解学生的学习状态

通过师生对话的教学模式可以使教师很清楚地了解到学生的学习状态，通过提问的方式可以使教师知道学生对知识的掌握情况。

2. 可以发展学生的思考能力

在课堂上，教师可以通过提问引起学生的注意，面对问题尝试找出答案是学生的天性，解决问题的过程可以提高学生的记忆力。因此，对话式教学模式有助于发展学生的思考能力。

3. 可以提高学生的表达能力

学生通过回答问题的方式把自己的想法用语言表达出来，因此，这种模式有助于提高学生的表达能力。

（二）对话式教学模式的缺点

①有些学生在课堂上经常会呈现出一种紧张的状态，他们害怕教师提问到自己，怕自己的回答不是教师心中满意的答案，所以会耗费很多精力思考教师需要的是什么样的答案。学生在这种状态下学习，就会偏离了教学目的。

②学生之间存在差异，有些学生善于表现自己，有些学生比较内向腼腆。教师更喜欢提问爱举手发言的学生，因此，不爱举手的学生则会感觉自己不受重视，变得更加内向。久而久之，课堂很容易被少数学生霸占。

③教师设计的问题无法面向每一个学生，由于学生的知识范围与接受能力不同，所以面对同一个问题，有些学生觉得很简单，有些学生则会觉得复杂。

（三）对话式教学模式的运用

①教师在设计问题的时候要尽量丰富问题的种类，让每个层次的学生都能够参与进来，而且要设计能够增强学生记忆的问题。

②教师在设计问题时，要把握好问题的难易程度、数量以及提问的时间，要适度、适量、适时。

③教师在提问时，要给所有学生提供均等的机会，对于性格腼腆、不爱发言的学生也要进行积极的引导，不要让学生对学习失去兴趣。

④教师应该认真倾听学生的回答，即使学生说的是错误的答案，也要保持友善的态度，对学生耐心指导，而不要责备学生，打消学生的积极性。

⑤在学生回答完问题之后，教师应该适当地进行评价或者追问，让学生感受到自己被尊重和认可。

⑥在课堂上，提问者不仅仅是教师，教师也要鼓励学生多提问，因为发现问题比解决问题更重要。

三、自学式教学模式

自学式教学模式也就是教师在学生自学的基础上，再对学生进行辅导，引导学生解决问题。学习的实质就是学生根据自己的已有学习经验，对外来的刺激与情境所做出的反应。所以，学习确实应以学生为本。

（一）自学式教学模式的作用

1. 使学生养成自主学习的习惯

自学能够使学生养成主动学习的习惯，教师在学生自学的基础上对其进行辅导，久而久之，学生不用教师督促就能自己主动地去学习，这将有利于提高学生的学习效率。

2. 提高学生解决问题的能力

学生在自学的过程中会遇到许多问题，面对问题的时候，学生会主动地寻找答案，在解决问题的过程中，学生会尝试很多办法，因此，自学式教学模式有助于学生提高解决问题的能力。

3. 适应个别差异

由于学生之间的差异性，在学习的过程中，每个学生的学习进度都是有区别的，自学式教学模式可以使学生更好地适应自己学习的步伐，达到最佳的学习效果。

4. 培养学生自主研究的兴趣

经过长期的自学，学生的阅读能力、思考问题的能力、解决问题的能力都会得到提高。久而久之，学生研究的兴趣就会被激起，学生自己会尝试着去构想和研究自己感兴趣的课题，这将是学生形成终生学习能力的开端。

（二）自学式教学模式的缺点

①在实施自学式教学模式时，如果教师不能对自学题目和学校任务进行详细的布置一些学生则会应付了事，久而久之，此种教学模式就会流于形式。

②自学能力较差的学生面对教师布置的自学任务无从下手，不知道该怎么自学，无法达成学习目标。

（三）自学式教学模式的运用

①教师应该加强对学生引导，提高学生对学习动机和自学的认识，使学生做到即使没有教师监督的情况下也不会偷懒或者应付。

②教师应该给学生提供可行的自学方法，先让学生熟悉具体的操作步骤，

对其进行明确的指导，并多加鼓励。

③教师应该定时对学生的自学情况进行检查，并且及时解决学生在自学过程中出现的问题。

④教师应该引导学生明确学习目标和学习要求，让学生有目的地学习，激发学生的学习兴趣，并且依据教学内容可以设计一些练习题，使学生能够针对问题进行自学。

⑤教师应该在学生自学前为学生指明课题中的重点和难点，并且提供适当的自学步骤与方法。

⑥教师应该经常巡视指导和辅导，随时了解学生的自学情况，及时解决学生的困惑。

⑦教师在辅导学生自学的过程中，应该针对学生的差异性对学生采取不同的辅导方式，例如，教师针对学习能力较弱的学生，应该加大力度，及时总结。

⑧教师应该给学生创设良好的自学环境和条件，提示或提供必要的参考材料、自学工具等。

四、诵读感悟式教学模式

诵读感悟式教学模式是一种以阅读为基础，致力于启蒙的教学模式。作为一种基于文本阅读的教学模式，它通过感知和塑造词语、声音和形式来达到诵读教学的目的——理解文本的意义和情感。经过长期地诵读，语感自然形成，学习语文，特别是晦涩难懂的文言文将不再困难。

（一）诵读感悟式教学模式的作用

1. 训练学生的语言能力

诵读可以提高学生的语言表达能力、培养语感，也可以帮助学生正确地发音、识字，使学生的腔调准确。

2. 提高学生的写作能力

诵读可以让学生在阅读中受到作品的影响，提高他们的写作能力。阅读课文中所描述的事件，能够使学生的语言更加准备和标准化。随着阅读量的增加，学生将会学习到越来越多的写作知识。

3. 考查学生对文章的了解程度

教师可以通过学生在诵读课文时的顺畅程度来考查他们对文章了解的深浅，从而可以根据学生的学习情况来适当地调整自己的教学活动。

（二）诵读感悟式教学模式的缺点

①如果所有的课文都由学生来读，长此以往，学生容易产生厌倦的心理，在诵读课文的过程中，心里却没有真正地去思考其内容。

②在选择朗读课文的学生时，教师经常会挑选一些诵读水平高的学生进行示范，无法顾及所有的学生，久而久之，诵读就成为了少数学生的专利。

③一些发音不标准或者表达能力弱的学生会羞于张嘴、心生畏惧，害怕读错了，或读得不好。

（三）诵读感悟式教学模式的运用

1. 了解文章

在诵读之前，教师要对文章的内容进行一定的说明，使学生能够明确作者的思想感情和写作技巧，这样才能够有重点地对课文进行诵读，并在其中欣赏到文章的美感。

2. 注意停顿

文章的组成有词有句，词有单词与复词，句有简句、繁句与复句。学生在进行诵读的时候，必须要注意字、词、句的间隔，有标点符号的当读出标点，有一些没有标点或是不完全依照标点而读的，更要做好特殊处理。

3. 注意吐字

在进行诵读的时候，必须要做到吐字清楚。所谓清楚不仅指口齿要清晰，也指发音正确，在诵读上教师必须锱铢必较、咬文嚼字。

4. 注意词语的轻重

语势是语意的重点，文章之中有语势，一句之中也有语势。一句之中，词意有轻重，读时若有重要字眼，或彼此相关的词，一定要加重语气读出。

5. 注意语调的升降

调是对声音的高低而言的，是由声带的张弛引起的。学生要根据所读内容调整自己的声调。诵读时，如果想要表达特殊语气，如感慨、激奋、惊愕、疑问等，学生都要通过语调表达出来。

6. 注意声音的强弱

声音的强弱是针对肺部发生的气流分量大小而言，分量大则强，分量小则弱。在表达悲壮、快活、叱责或慷慨的文句时，句首的声音比较强；在表达庄重、满足或优美之文句时，句中的声音比较强。

阅读感悟式教学模式的建立，使得长期以来只起辅助作用的朗读成为一个可操作的学习过程。经过一段时间的正式训练，这种模式会完全内化为学生心理机制的一部分，学生对语言的敏感性将成为一种良好的心理习惯，从而能够促进语文教学的效果。

第三节　新课程背景下的中学语文课堂教学模式的反思与改革

一、新课程背景下中学语文课堂教学模式的反思

随着新一轮语文课程改革的推行，中学语文教学已经成为人们关注的重点，狭隘的中学语文课堂教学模式已无法与新课程标准的要求相适应，因此必须对中学语文的课堂教学模式进行反思，以便改革的顺利进行。

在新的历史时期，中学语文课堂教学面临新的挑战，我国应正视传统语文教学模式下存在的诟病和缺陷，积极寻求教学改革的突破。传统语文课堂教学模式中存在的突出问题有：首先，文章讲解程序化，不论针对哪种题材的文章，教师采用的方法都是一样的，先串讲，然后分析，最后总结；其次，教师对问题的设计较为重视，却忽视了对学生质疑精神的培养，学生学习比较被动，对培养学生独立分析问题的能力和创新精神不利；最后，中学语文课堂教学过于模式化和程序化，面对变化的学生和环境，缺乏灵活性和学科特点，没有形成自己独特的风格。语文教学中存在的种种问题，不仅制约了语文教育改革的步伐，也影响了学生语文能力的培养。

二、新课程背景下中学语文课堂教学模式的改革

经验丰富的教师可以在原有教学模式的基础上，进行创新与改革。下面将介绍中学语文课堂教学模式改革的原则、过程、方法和几点建议。

（一）中学语文课堂教学模式改革的原则

1. 方向性原则

教师在对课堂教学模式进行改革时，要把握好方向性原则，要顺应历史的发展方向，并且要有一定的超前意识。

2. 整体性原则

由于教学模式具有整体性的特点，因此教师在对教学模式进行改革时要结合当下教育管理的思想以及招生与考试制度。教学模式受到教学组织形式、

教学对象以及教学内容等因素的制约，所以教师只有把握好教学模式改革的整体性原则才能取得更好的效果。

3. 借鉴性原则

改革教学模式的借鉴性原则指的是教师可以借鉴古今中外教学模式的各种优势，扬长避短，为我所用，但是要注意结合我国的国情以及各种教育政策与制度，对其加以完善与改进。

4. 实践性原则

教师要在实践的基础上对教学模式进行改革，因为教学模式是教学理论与教学实践的结合，所以，教师要从实际出发。在应用和推广已经成熟的教学模式时，教学模式改革也需要逐步展开，不可一哄而起，一阵风后便偃旗息鼓。

（二）中学语文课堂教学模式改革的过程

1. 课题准备阶段

在课题的准备阶段，教师要整理好相关的理论与研究成果，确定研究的性质、目的与范围，要将理论与实践相结合，使它们达到高度的统一，基于实际情况对教学模式进行改革。

2. 模式构建阶段

在教学模式的构建阶段，教师要提出与课题有关的问题，并且为这些问题设计具体的解决方案，策划出与教学目的相一致的，具有完整性、有效性以及可操作性的模式框架。

3. 模式试验阶段

教学模式的不断改进和完善是通过实践来完成的，因此要用实践来检验教学模式的可行性以及有效性。

（三）中学语文课堂教学模式改革的方法

1. 设计法

设计法是基于教学理论和思想，对教学模式进行设计，经过反复的实践对教学模式加以完善，最终将相对稳定并且可供参考的教学模式进行推广的方法。

2. 归纳法

归纳法是从实际情况出发，对前人的教学方法和经验进行归纳和总结，并从中提炼，进行加工，形成一种新的教学模式，再进行推广供他人借鉴的方法。这种教学模式的改革方法的步骤可被总结为"经验—理论—实践—完善—推广"。

3. 杂交法

杂交法是将两种以上的教学模式进行融合和改革，整理其中心思想、策略以及结构方式，从而产生出新的教学模式的方法。

4. 嫁接法

嫁接法指的是将某一学科的教学模式应用到其他学科中，结合本学科的实际，从而形成新的教学模式的方法。

（四）关于中学语文课堂教学模式改革的几点建议

1. 教师应掌握多种教学手段

中学语文教师要想进行中学语文课堂教学模式改革，提升中学语文课堂教学的有效性，就应该从教学手段入手，要善于选用更多有效的教学手段，这是中学语文课堂教学有效性提升的关键所在，因为有效的教学手段将在很大程度上激发出学生对于语文学习的兴趣，将会使学生从心里迸发出强烈的求知欲。因此，在中学语文课堂教学过程中，中学语文教师应该在课堂的导语方面下足功夫，让导语变得生动有趣，点燃整个语文课堂教学的教学氛围，开启学生语文学习的新思路。同时，随着现代化教学手段的流行与普及，教师也应该充分利用好这些教学辅助手段，尤其是要应用多媒体教学技术手段，让中学语文课堂教学焕发出全新的活力。多媒体教学技术可以为中学语文课堂教学创造出一种声情并茂的教学情境，幻灯片可以把较为抽象乏味的语文知识变得更为具体与形象，能够最大限度地激发出学生的学习兴趣，有利于把学生的学习热情激发出来，并吸引住学生学习的注意力，使其全身心地投入中学语文课堂教学情境中去。此外，中学语文教师还应该在语文课堂上创设出更丰富的教学活动，鼓励学生积极参与，在活跃中学语文课堂氛围的同时，提升中学生的课堂参与性与主动性，这样的中学语文课堂才是真正的以学生为中心的课堂，学生成为了中学语文课堂教学中的主体。这些教学活动可以是朗诵比赛、复述课文故事大赛，也可以是小组合作探究或课本剧表演等，这些数学活动能够真正激发出学生的主观能动性，培养他们的语文创新性思维与创新性学习能力。

2. 实现分层教学

"一刀切，一把尺子量到底"的教学模式是粗放、低效而且不利于课堂效率的提高。中学语文教师应该不断地探索适应新形势的分层教学的方式方法，进一步提高课堂教学的质量。语文教师在教学中要针对学生的不同情况进行分层教学，让每个学生们都有所提高和进步。

①分层教学就是按照学生的个性特征以及知识的基础和接受能力的差异，将学生分开层次进行教学的一种方式，这样有利于全班学生都能有效地参与课堂教学中。例如，在讲述课文内容时，教师可以设置不同层次的问题进行提问，引导每个学生都能够参与进来：对后进生的要求是用讲故事形式进行复述；让中等生用自己的话来概述课文的主要内容；要求优等生用简洁准确的语言概括课本的主要内容。

②分层教学的目的就是要求教师面向全体，因材施教。因此，教师在布置作业时，也可以根据学生的不同情况分层布置，这样既有利于提高学生的学习积极性，也有利于提高语文教学的效率。例如，教师可以要求优等生独立地完成基础的知识课题，同时还要完成思维拓展题；中等生在完成带星号的题目时，教师要给予他们一定的辅导和指引，并且允许他们之间相互进行交流讨论；允许后进生通过独立思考、合作交流，并在教师的指导下顺利地完成相关的基础题。教师应尽可能地使每一个层次的学生"动"起来，这样也是对不同层次学生学习的一种鼓励。

3. 形成个性化教学风格

多年来，中学语文教学一直传承着似曾相识的教学模式。面对变化的周围环境、不同的学生群体、迥异的教学内容，教师以不变应万变的心态加以应对，以程序化的教学模式应对飞速发展的社会现实，必然会丧失语文课堂教学的灵活性，降低课堂教学的效果。要改变这一现状，需要语文课堂教学具有个性化特点，教师展现自己的教学风格。在语文课堂教学上，于漪教师是成功的，他的成功源于他对教育思想的独到见解和对语文教学的精雕细刻；魏书生教师更是匠心独运，他大刀阔斧地完成了师生在课堂教学中的角色转化，实现了学生自主学习的创造性突破。他们的成功源于改革了教育模式，通过自己的教学实践，摸索出具有适合教育实际的教学风格和个性特色，这从根本上解放了学生思想，创造出生动鲜活的语文课堂教学模式。

教学模式是把教学活动理论化的一种系统性行为。人们往往会把教学模式误认为程序化教学，这是导致中学语文课堂教学死板、僵化的重要原因。要改变这一现状，教师首先要转变教育观念，解决课堂教学的教育理念问题，再创新语文教学的教育方法，把社会生活中的教育资源融入课堂教学之中，并激发学生学习语文的情感，突出教师的个性和风格，实施科学合理的评价机制。

第四章　新课程背景下的中学语文阅读教学

阅读教学一般在语文教学中所占比例最重，阅读教学需要教师在整个语文教学中所花费的时间与耗费的精力也往往最多。阅读教学的质量与效率极大程度地决定了整个语文教学的质量与效率。

第一节　中学语文阅读教学的作用与地位

一、中学语文阅读教学的作用

（一）提高学生认识和理解世界的能力

人类系统的、规范的启蒙教育，都是从识字、读书开始的。文章作品中体现了作者对世界的认识，是作者对人生独到的发现与感悟。通过阅读，人们可以感受到作者的思维，体会作品的韵味，领略到人类思想认识的成果。所以，阅读能使人明智开窍。有人说，阅读是人类通向理性世界的大门，这是不错的。中学语文阅读教学有助于学生发展思维，提高他们认识世界、理解世界的能力。

（二）提高学生的文化品位和审美情操

作品是人类精神世界对包括人类自身在内的客观事物的写照。中学语文阅读教学能够引领学生在课内外涉猎题材广泛、内容丰富的作品。中学语文阅读教学有利于开阔学生视野，增长学生的见闻，提高学生的文化品位与审美情操。学生阅读一些优秀的作品就是在接受情感熏陶与审美洗礼，其中代表着民族优秀文化和人类进步的那一部分作品，是丰富学生精神世界、提高学生文化品位和审美情操的优质"精神食粮"。

（三）使学生获得文字加工处理能力

阅读能使学生的认知结构、领悟力以及言语能力发生巨大变化。正所谓"读书破万卷，下笔如有神"。通过大量的阅读，学生能积累丰富的语言知识，形成良好的语感，获得文字加工处理能力，这也是语文阅读教学的根本任务。

二、中学语文阅读教学的地位

（一）提供识字写字的基础

无论是进行有效的读，还是有效的写，都必须先有效地阅读。使学生正确理解语言文字与正确运用语言文字是语文教学的基本任务。因此，阅读教学为整个语文教学奠定了书面读写基础。

（二）提供一般知识与能力基础

语文阅读教学能够提供给学生一般知识与能力，这些知识与能力也是语文阅读教学能够顺利进行的基础。这些基础主要是学生在语文阅读教学中获得的。

（三）为口语教学提供练习机会

口语教学虽然自成体系，但在实际教学中也渗透在阅读教学中。教师在进行语文阅读教学的同时，也在进行着口语教学，提高了学生的口语能力，为学生提供了口语练习的机会。

（四）为写作教学提供模仿范例

写作离不开模仿与借鉴，而阅读教学正好为写作教学提供了大量可借鉴与模仿的优秀作品。在语文阅读教学中，教师指导学生揣摩作品语言，分析作品写作特点，既能满足阅读需求，又能间接指导学生写作。

（五）提高学生综合素养

阅读教学综合性很强，既能增加学生的知识，发散学生的思维，又能提高学生的审美情操与文化品位，从而提高学生的综合素质。

第二节 中学语文阅读教学设计的理念

一、坚持文本作者的创作主体性

多数情况下，文章的作者并不知道自己的作品将会被选入教材。所以，作者在创作的时候，很难有面对中学生的读者意识。一般来讲，他们只是用自己的语言传递自己的思想情感。而人们在阅读的时候，首先要做的就是要努力探究作者在什么什么背景下，为什么而写。所以，教师在解读文学作品时，首先应该做的就是引导学生推究作者的写作背景，如作者创作作品时的社会背景、世态人情及作者的个人境遇等情况，以期更准确地把握作者的写作意图，领会作者所要表达的思想感情和作品的思想内涵。

二、坚持教材编选者的选择主体性

虽然教师应坚持文本作者的创作主体性在先,但是作品一旦进入教材,就意味着它不仅仅是一个原生文本,它也一定会被编选者赋予新的价值。教师要善于体察、分析编者思想。学生要在教师的指导下,在自身的学习过程中挖掘其作为教学内容的教学价值。教师对教学文本的精研也是课堂教学至关重要的一步。研读教材,才能向编者的思想趋近,才能发挥出阅读教学的最大效用。所以,教师要在所在学段、年级、单元目标的统驭之下正确理解文本。

三、坚持语文教师的教学主体性

语文教师不能忽视作者在文本中所想表达的思想情感,但每个读者都能根据自己的感受去理解文本。语文教师感受文本的过程,是其他人无法代替的。解放学生的前提是解放教师。如果教师自身对课文没有深刻的感受和见解,就难以教授学生,难以使学生真正理解文本。教师必须通过自己感受和理解参与教学过程。语文教师不应照本宣科地把知识教给学生,而是应坚持语文教师的教学主体性。

语文教师应在成为一名兼具理性与感性的优秀读者的基础之上,充分发挥自己组织教学的主动性与自由性,因为任何新的理念和方法都必须通过教师本人的接受和理解才能付诸实施,谁都不能代替教师在组织教学活动中的主体地位。教师对文本的感受和理解是在自己人生经历和人生体验的基础上进行的。不同的教师,教学经验不同,面对的学生也不同,因此,教师在教学过程中应发挥自身教学的主体性,不受固定教学模式的限制。

教师应发挥自身优势,把自身的优势应用到教学中。语文教学中,语文教师如果没有个性,语文教学就不会有鲜活的生命。此外,学校还应引导学生尊重教师的教学主体性。但需注意的是,学校既不能鼓励学生压教师,也不能鼓励教师压学生。

四、坚持学生的学习主体性

教师必须树立正确的学生观,尊重学生的主体性。课堂教学的最终目的是落实到学生的学习效果上的。尊重学生的主体性,应当成为教师的一种深植于内心的教学理念,也是当下课改最为强调的。

在教学活动中,教师只有对学生充满热爱、尊重、理解和信任,才能发挥学生学习的主动性、积极性。教师要善于用亲切的眼神、细微的动作、和蔼的态度、热情的赞语等来缩短师生心灵间的差距,使学生获得精神上的满足，从而建立和谐民主的教学气氛，使学生产生与教师合作的欲望。

教师要注意培养学生的批判意识，激发学生就不同的观点进行交锋。在交锋、讨论和试图说服对方的过程中，学生的观点会更加清晰。教师应经常带领学生对文章进行深刻的、有个性的解读，启发学生思考、辨别，并且鼓励学生展开思想论战。通过这些思想争鸣，教师应试图让学生树立这样的观念：独立思考必然伴随着论辩，而以追求真理为目的的论辩并不是固执己见的强词夺理，也不一定是"非白即黑"的是非之争；平等争鸣的结果是双方认识的互相补充、不断完善和共同提高。教师在尊重文学作品创造者的主体性、教材选编者的选择主体性和自身的教学主体性的同时，还应坚持学生的学习主体性，尊重与发展学生的个性。

五、追求师生间平等对话

师生有平等的思考权利、发表自己观点的权利，以及与对方展开观点争鸣的权利。针对同一个问题，教师的认识也许更全面、更科学、更深刻，但在表达自己观点的权利上，学生和教师是平等的。教师要给学生表达自己思想的时间和机会，不轻易打断学生的发言，不为了赶进度而忽视学生的质疑，不轻易否定学生的思考。

课堂的真理不是固定掌握在谁手中的。当教师服从学生的正确认识时，这与其说是向学生学习，不如说是服从真理，这是教师民主情怀的体现。没有人是完美的，教师对某个问题的理解也会出现偏差。当教师被学生的童言无忌、奇思妙想所启迪时，教师也会成长。

教育的方向和目的以及教师在学生成长中所承担的责任，都决定了在学生的学习过程中，教师不应该作为一个旁观者，而应该成为学生的引导者。教师应建立和谐的教学环境，促进学生合作学习，鼓励学生积极参与，并主动创新。

面对需要引导的话题，教师不应以独裁者自居，发表一锤定音的言论，而是应以真诚的言论，为学生提供更广阔的思路，使其将教师的言论作为参考。只要教师的言论散发出智慧的火花，教师的思想必然会打动学生的心灵，对学生产生积极向上的影响。

当然，在对话过程中，有时学生的言论可能比教师的言论更具真理性。在这种情况下，教师应以平等的姿态，向学生虚心请教。师生之间的商榷并不只是是非之争，更多的时候是互相启发、互相补充和互相完善，只要言之有理，还可以求同存异，甚至不求同只存异。宽容歧见，尊重多元，这也是教师应该引导学生逐步具有的民主胸襟。

第三节 中学语文阅读教学的过程设计

一、阅读教学导入设计

阅读教学导入环节是教学过程中一个值得重视的首要问题。但在实际的课堂教学中，许多教师的课堂伊始只是进行例行的师生互致问候或无关教学内容的谈话，并不重视导入的环节，这会使学生产生不良的学习情绪，滋生倦怠心理，继而产生学习惰性。因此，课堂导入环节虽然所占时间很短，但绝不可忽视。

（一）导入的作用

1. 激发学生的学习兴趣

教学伊始，教师用巧妙的方式导入新课，会引起学生的学习兴趣，激起学生的求知欲望，使学生以愉快而主动地状态进入课堂，为下一步新课的学习提供内在动力。

2. 引导学生进入学习情境

导入的一个重要目的就是引发学生对所学课题的强烈兴趣。所以，教师在导入阶段，要给学生一定的刺激，引起学生的兴趣，帮助学生收敛课前活动的各种思想，在大脑皮层和有关神经中枢形成对本课新内容的聚焦点，把学生的注意力转移到课堂学习中，引导学生进入学习状态。

3. 激活学生的问题思维

教师在导入阶段，通过设置教学问题情境引发学生对新内容的思考，激发学生的探索和求知欲，发散学生思维。导入是一个打开学生思维空间的过程，所以教师导入时应有意识创设问题情境，情境的创设应具有真实性，既要符合客观事实，又要深化为学生内在的发展需要，这样才能激发他们强烈的求知欲。

4. 明确新课的学习目标

有效的导入能把学生的学习注意力集中到新课内容的学习上来。这就要求教师在导入阶段应明确告诉学生这节课要学会什么、怎么学，要达到何种程度。

（二）导入的设计形式

教无定法，针对不同的教育对象、不同的教学内容，导入便会不同，即使是同一内容，不同的教师也有不同的处理方法。有经验的教师会依据教学目标、学生的学情、课文内容等，采用灵活多样的方式，精心设计导入，讲究导入的艺术性。教学中导入的类型有很多，下面笔者就列举几种常见的设计形式。

1. 温故知新式导入

温故知新式导入通常是学生先温习以前学过的知识，教师再向学生提出回顾性的学习任务，从而达到导入的目的。温故知新式导入注重承上启下，既巩固已学知识，又能激起学生的学习兴趣。总而言之，温故知新式的导入是指教师以复习、提问、做习题等教学活动开始，提供新旧知识关系的衔接点的导入方法。这样导入会降低学生学习新知识的难度。

2. 情境式导入

情景式导入是指教师创设一定的教学情境，渲染课堂气氛，使学生处于特定的教学环境中，从而深入体会教学内容的导入方法。教师应创设一种符合教学需要的情境，使学生身临其境，发散学生思维，让学生处于积极的学习状态中，使学生在潜移默化中获得新知识。

3. 激发兴趣式导入

激发兴趣式导入是指教师通过讲故事、案例、时事等与课文相关的内容，从而激起学生的学习兴趣的导入方法。教师通过讲述一个小故事就可巧妙地导入新课，把学生的注意力快速聚焦于课文。这样学生就能集中注意力，在浓厚的兴趣中快乐地学习，积极参与课堂活动，学习效果自然会提高。除了讲故事外，教师还可以通过很多方式激发学生的兴趣，比如，设置悬念，让学生从新课开始时就带着解决问题的欲望去学习；再如，通过设置与课文相关的时事热点话题，让学生通过讨论自己感兴趣的问题，在相互的分享、交流中获得知识。

4. 设疑式导入

设疑式导入是指教师在新课学习前，通过设置与课文内容息息相关的几个问题，引发学生积极思考，为学生学习新课做好铺垫的导入方法。这种设疑式的导课，通过制造悬念，可以激发学生求知的欲望，从而促进学生主动学习能力的形成。

5. 案例式导入

案例式导入是指教师通过讲述一经典案例，抓住学生的好奇心，激起学生的学习兴趣，发散学生的思维的导入方法。这种运用生活实例的导入能激起学生的好奇心，把学生引入新的教学情境中。但必须注意的是，所选择的例子或故事要与教学内容密切相关，一旦不具备这些条件，教学效果就会大打折扣。

6. 活动式导入

活动式导入是指教师采用活动的方式导入新课的导入方法。活动式导课既可增加课堂趣味性，又可以加深学生对所学知识的理解，还可使学生对所学知识的掌握更加牢固。运用活动导入新课既符合学生的年龄特征，又与教学内容相符，还能让学生积极主动地参与活动中，使学生在"乐中学"、在"玩中学"。

7. 类比式导入

类比式导入是教师选取与新教学内容相似的文章，与新课进行类比的导入方法。教师通过相似文章的类比，引导学生去比较，去沿波讨源，从而提高学生的分析能力。

二、阅读教学提问设计

（一）提问的作用

1. 有利于师生互动

课堂教学是师生共同参与并进行信息交流的双向互动过程。在教学过程中，教师通过提问，可将学生的注意力集中到学习中，也可及时了解学生的学习情况，促进师生互动。

2. 有利于激发学生的学习兴趣

提问能把学生的注意力集中到某一特定的话题上，使学生产生解决问题的意向，激起学生的学习欲望。学生的思维始于问题，提问就是提出需要学生解决的问题，从而调动学生的思维。

3. 有利于集中学生的注意力

课堂教学不能只靠纪律来维持学生的注意力，适当的提问能活跃课堂氛围，使学生的注意力集中，从而提高学习效率。

4. 有利于培养学生的语言表达能力

学生语言能力的形成与语言水平的提高，离不开一定的语言表达实践。课堂提问为学生提供了语言表达的机会，从而提高学生的语言表达能力。

5. 有利于培养学生的学生的创新意识

课堂中的提问可以给学生提供创新的机会。例如，学生在探究问题的过程中，通过探索解决问题的各种途径和方法，从独自探究到共同研讨，由小组探究到全班共同探究，每一个同学都能在教学活动中得到不同的发展。那些富有启发性和开发性的问题能给学生极大的思索余地和广阔的探究空间，使知识在具体运用中创造价值。

（二）提问的设计形式

1. 回忆型提问

回忆型提问可以用于检测学生是否记住了所学知识，通过提问，使学生对已学知识进行巩固。这类提问一般都比较简单。例如，有位语文教师在进行《小橘灯》一文的教学过程中，一开始设计了以下几个熟悉了解课文的问题，并要求学生回答。

①作者与小姑娘在课文中见过几次？地点分别在什么地方？
②课文中小姑娘家中有哪些人？
③小姑娘家的年夜饭是什么饭？
④小橘灯是谁做的？

这几个问题虽然只是事实性问题，没有什么思考难度，但是可以帮助学生熟悉文本，为下一步的学习做好铺垫。

2. 理解型提问

理解型提问用于检测学生对所学知识的理解程度。例如，教师在进行课文《小橘灯》的教学过程中，为了让学生进步深入理解课文，可以设计这样的提问。

①可不可以把课文标题改成《小姑娘》？
②作者对小姑娘的态度是怎样的？你怎么看？
③黑暗潮湿的环境是不是指当时的自然环境？
④小姑娘快速回家说明她有怎样的品格？

这些问题的设计，需要调动学生的潜在知识和阅读经验来回答。这样的问题有较高的思维难度，可以帮助学生深入理解文本。

3. 运用型提问

运用型提问是用以检查学生对所学知识的运用程度的提问方法，学生可以通过运用所学知识巩固所学知识。运用型提问可以考查学生运用知识、解决问题的能力，学生需要进行一定的加工整理才能作出回答。

4. 分析型提问

分析型提问需要学生通过分析和思考，明确回答问题的依据，为学生深入思考提供了机会，能培养学生的归纳分析和逻辑推理能力。教师通过恰当的提问让学生分析问题、发散思维，在分析、比较、转换、推断中解决问题，以获得认知和思维的发展。

5. 综合型提问

综合型提问提的一般是探索性的问题，要求学生对问题进行分析、整合，从分析中得出结论，提出自己的看法。综合型提问的答案不是唯一的。综合型提问鼓励学生从多角度分析，给出更多独创性的答案，可以激活学生的思维能力和创造能力，培养学生的分析问题和解决问题的能力。综合型提问应建立在低层次提问的基础之上。因此，教师应在提问上根据教学内容灵活变换。

6. 评价型提问

评价型提问属于综合性的提问，需要学生运用所学知识，评价他人的观点和看法，判断解决方法的正误，并提出自己的看法。评价型提问对学生的综合能力要求较高，属高层次的提问，要求学生对事物本质进行判断，应在一定数量的分析与讨论之后进行，以免出现不成熟的判断。

三、阅读学习活动设计

（一）学习活动的作用

1. 提高学生学习主动性

学生由于拥有学习的主动权和充分的自由，在学习活动中就会表现出浓厚的兴趣和强烈的学习热情。他们有意识地、积极主动地参与学习活动，具有强烈的主人翁精神，不是教师的传声筒或教师意旨的执行者，真正实现了从"要我学"到"我要学"的转变。

2. 锻炼协作能力

开展活动需要小组分工协作，是一个小组之间共同计划、实施、评估活动的过程。只有小组各成员较好地相互协作，才能使活动取得成功。

3. 促进竞争意识

现代社会是竞争的社会。语文教学应培养学生良性竞争意识。小组之间适度的竞争有利于培养学生良好的竞争精神。

4. 培养创造能力

教学活动的主体是学生，活动的开展、进行和评价等都需要发挥学生的主观能动性。学生在活动中思考、体验和探索，可以培养学生的实践能力、思维能力和创造能力。

（二）学习活动设计的形式

1. 课堂讨论

课堂讨论是指教师根据教学内容和学生的实际掌握情况，就课堂教学的重点和难点与学生共同进行讨论，师生和生生之间相互交流，共同解决学习中的问题的学习活动形式。课堂讨论建立在教学对话基础上。有效的课堂讨论必须经过教师的精心设计，教师需要仔细考虑讨论的目的，选择合适的讨论题目，创设良好的讨论氛围，设计好讨论的程序。课堂讨论设计的关键是有效组织活动，以防学生在讨论时游离中心话题，出现非学习活动。

2. 角色扮演

角色扮演是指学生扮演作品中的不同人物角色，通过自己方式演绎出作品的学习活动形式。阅读教学中角色扮演的学习活动，可以帮助学生更好的理解作品，了解人物的内心，提高学生的应变能力，加深对作品的理解。

角色扮演是一种实践性很强的学习活动，具有较强的程序性。它的实施过程需要遵循必要的教学流程。理解和掌握这些流程，对于提高学习活动的效果，达到预定的教学目标，是非常必要的。

3. 合作探究

合作探究是指学生在教师的指导下进行小组探究学习，围绕探究问题，设计研究方案，开展研究活动，总结观点，得出结论的学习活动形式。如果以往的教学主要是指导学生学习教学内容所包含的事实、概念、技能等，那么合作探究则主要指导学生学习怎样解决问题，培养其高级思维能力。

合作探究学习活动不是放羊式的课堂教学。它对教师提出了更高的设计和组织实施要求，教师必须在整个合作探究学习活动过程中精心设计，细心引导。

四、阅读课堂结课设计

（一）结课的作用

1. 总结概括

结课的一个非常突出的作用就是对本次课的教学内容进行总结与概括，加强本次课教学内容的系统性和逻辑性，加深学生的理解。学生的学习并非是对符号的简单记忆过程，而是符号所代表的意义逐渐融入学生认知结构的过程。一般情况下，具有逻辑性、系统性的知识更容易被学生记忆和理解。在课堂教学中，教师系统地对教学内容进行总结、概括，理顺各个知识点之间的逻辑关系，凸显知识体系中的重点、难点和关键点，对于学生进一步理解和记忆教学内容具有重要作用。

2. 承上启下

知识具有逻辑性，学生知识的获得也具有延续性。对于课堂教学来讲，由于时间的限制，人们经常将教学内容划分为单元、课与知识点等。教师如果在教学时，忽略了知识的连续性，孤立地看待各个单元、课与知识点，让教学内容失去了连续性和整体性，则无法使学生形成系统性的理解。要使各个单元、课和知识点有机结合在一起，教师的结课环节就显得尤为重要。课堂教学中的结课，一方面是对本次课所学习内容的总结、概括，使之更具有逻辑性与系统性，便于学生系统理解与巩固，是本次课的结束；另一方面它又能激发学生兴趣和求知欲，是下次课的开端。因此，好的结课对保持知识的整体性、系统性具有重要作用，在整个教学环节中起到承上启下的作用。

3. 激发探究

教师在教学将要结束时，提出新的研究问题，用以激励学生课外研究的兴趣。这种课堂教学结束形式，可以激励学生的好奇心、求知欲，激发学生学习的积极性、主动性，使学生感到"学无止境"，课后还会继续扬起学习的风帆。

4. 升华认识

教师在教学将要结束时，会引导学生在理解作者思想观点、体会课文道德情感的基础上，进一步扩展与引申，使文章的内涵与外延更丰富，更易于与原有知识联系起来，形成更广阔的背景知识，在新的情境中加以运用。换言之，教师在语文课堂结课中不但要引导学生理解作者所表达的思想观点，而且应该引导学生学习作者的思维方式，来思考面临的各种问题，从而提高其思维水平；不但要引导学生体验作品的情感，而且要引导学生把体验到的情感内化为自己的情感，从而提升自己的道德情感。

5. 促进迁移

知识迁移是指学生把已学知识与未学知识联系起来，或从一种知识迁移到另一种知识，形成知识的融会贯通。教师在课堂教学即将结束时，跳出教材，将教材中的内容引向课外知识，能使学生产生课已尽而意无穷的感觉。教师在进行结课设计时，应该注重这种迁移功能，通过有效的知识迁移，拓宽学生的视野和思维空间，激发学生的学习兴趣，促进他们自主地获取知识。

（二）结课的形式

1. 总述式结课

总述式结课即用准确简练的语言，把整个课的主要内容加以归纳总结，给学生以系统、完整的印象，促使学生加深对所学知识的理解和记忆，培养其综合概括能力。归纳总结可以由教师做，教师也可以启发学生先做，教师再加以补充和修正。用于归纳总结的语言不应是对所讲述过的内容的简单重复。归纳总结的方式可视具体情况灵活变化，可以用简明扼要的语言，复述讲解要点，强调应掌握的主要观点和原理，也可以启示学生回忆、复述教材的主要内容。通过归纳总结，将展开的知识进行压缩整理，有助于学生对所学知识的深刻理解和记忆储存，进而取得好的教学效果。归纳总结法是教学艺术中的常用结课法，也是语文教师常常使用的结课方法。

2. 练习式结课

练习式结课是指师生以练习的方式进行结课的方法。俗话说"好记性不如烂笔头"。多写多练可以为人们记忆提取留下更多的线索，方便进行回忆。练习式结课是在课堂结束后，教师让学生运用课堂所学知识，进行有目的地、有条理地练习，以巩固所学知识，培养学生对知识的运用能力。

3. 拓展式结课

拓展式结课是教师根据课文内容，为学生延伸知识，引导学生由课内阅读向课外学习拓展的结果方法，打破课堂教学的局限性，做到课内扬起语文学习的风帆，课外畅游语文学习的海洋。

4. 首尾呼应式结课

首尾呼应法就是教师在课终之时，解决新课导入时提出的问题，以达到前后照应、首尾相连、浑然一体的教学境界的一种结果方法。运用这种方法进行结课，既可以由教师解决新课导入时提出的问题，做到首尾呼应，也可以在教师的提示下，由学生自己来归纳总结，做到首尾呼应。运用这种结课方法，既可以巩固本堂课所学知识，又可以启发学生思前想后，使其体验学习成效，激发其学习兴趣。

五、阅读教学评价设计

（一）教学评价的作用

1. 规范课堂教学

语文教师要上好一堂好的语文阅读课，必须重视教学评价。在某种程度上，教学评价起到引导和规范课堂教学的作用。长期以来，大部分教师对教学评价在教学中的重要性认识不足，造成课堂教学规范性不足。缺少教学规范的课堂教学，因过多的随意性影响教学质量的提高，既不利于教学理性化提升，也不利于教学经验的普及。

2. 提高教学质量

教学评价是教学模式的重要构成要素，是教学过程中的核心组成部分，直接影响教学系统功能的整体优化。传统的教学评价无论在理念上，还是在方法上都难以满足学生发展的需求。有专家倡导"以学生发展为中心"的真实评价。这种评价要求基于真实任务和复杂的情境，评价标准应该反映学生的多元化观点和多样化的建构的方法。教学评价应促进学生个性化的学习风格，发展优势智能，以评价促进学生发展和教学质量。

（二）教学评价设计原则

1. 多元化评价

教学评价应该是多元化、个性化的，要通过多渠道、多形式，在真实情境下切实考查学生，打破传统教学中以智力测验和学生成绩为主的单一评价方式。课堂教学评价应将学生纳入评价体系，使其成为评价的主体。这样做有利于实现课堂教学评价群体的多元化，为课堂教学评价提供多元视角，从而减少单一评价群体带来的片面性，对课堂教学做出更为准确的评价，从而完善课堂建设。

2. 以促进学生发展作为评价目标

课堂教学评价应将促进学生的发展作为评价目标。以学生自身的学习情况作为评价的重要参照，以学生的学习意愿和成绩变化对其学习的进步情况进行评价。在以成绩作为评价参照的同时，评价者还要关注学生能力的发展，弱化评价的筛选功能，实现评价在功能上的转化。学生间是存在个体差异的，因此，在对个体学生进行评价时，必须要重视个体差异，采取多元化的评价指标，实现对学生的综合评价。课堂教学的评价应强调学生对知识和技能的迁移，强调学生通过多元化方式，实现个体独立的思考和学生间的交流合作，在教学过程中，通过新的情境和问题，使学生迁移应用所学知识。在进行评价时，评价者还要注意定性评价和定量评价的结合，在教学方法上也应实现多元化发展。

3. 使学生明确教师的教学预期

教师应在阅读课开始之前向学生提出明确的目标。学生在学习任务的过程中，具有较大的自主权。在课堂教学正式开始前，教师可以通过展示目标、范例等方法向学生传达教师对于任务完成的期望，使学生明确自己通过任务所要取得的结果和达到的目标，自觉地以教师的期望作为学习的标准，避免在学习过程中出现迷茫的现象。

六、作业设计

（一）作业设计原则

1. 意图要明确清晰

作业的设计必须根据具体内容和教学目的来设计。教师应在选题和编题上下功夫，不断提高作业的选择和编制技能，要根据教学内容和学生特点，保证作业具有针对性、代表性和启发性，从而达到举一反三、事半功倍的效果。

2. 实施分层作业

教师在设计和布置作业时，应充分考虑不同层次学生的实际，实施分层作业，注意知识层次。作业应既有统一的要求，又能照顾到每个学生，使每个学生都能在作业中有所收获。

3. 丰富作业形式

新课程倡导学生主动参与，在教师指导下主动地、富有个性地学习。这个倡导反映到作业设计和布置中，就是要求赋予作业以多维的形式和丰富的内容，使作业体现出多样性和自主性的特点。

4. 体现自主、合作与探究

课程的生成性、建构性要求学生必须加强合作，学会探究。发现问题、分析问题和解决问题的过程既能激发学生探索精神，调动学生的学习兴趣，又可以培养学生的探索精神和创新能力。

5. 突出实践性与开放性

作业设计必须结合学生的年龄特点和生活实际，建立课本内外、学校内外之间的联系，拓宽学生的学习渠道，增加学生的实践的机会，让作业从书本回到生活，将问题置于有趣的情境之中，体现作业的开放性、实践性。

（二）作业设计类型

1. 记忆性练习

记忆性练习是最原始、最基础的练习方式。通过记忆性练习，学生可以积累丰富的语文信息，掌握大量的语文资源。记忆性练习有利于学生完整的知识网络的形成，也有利于学生语文素养的提高。但记忆性练习容易机械僵化，不利于调动学生学习的积极性。因此，教师在设计记忆性练习时应注意内容与方式的选择。

2. 理解性练习

理解性练习可以提升学生的理解能力和分析能力。理解性练习既要包含基础层次的简单理解，又要包含较高层次的复杂理解。

3. 鉴赏性练习

鉴赏性练习是一种综合性练习，以理解和分析为基础，以表达为主要方式。鉴赏性练习具有拓展性和开放性的特点，强调学生的整体感知、内心体验，具有较高的审美价值。鉴赏性练习的使用范围相当广，如佳词妙句的鉴赏、主题思想的鉴赏、修辞手法的鉴赏、写作艺术的鉴赏等。

4. 探究性练习

探究性练习是指学生在一些较高层次的问题上，提出自己的看法，并有所发现和创新。探究性练习往往以小课题或论述题形式出现，可以是单一性的练习，也可以是系列化的练习。

5. 实践性练习

实践性练习一般与学生的语文实践活动相配合，目的在于提高学生的语文综合素养和实践能力。实践练习的特点往往带有情境性，要求学生在一定的生活背景下完成任务。实践性练习可以是书面问答题，如写一个计划书、设计一个策划方案，也可以是动手体验题，如根据课文提示绘制事物、人物、场景或制作某种模型。

第四节 我国中学语文阅读教学的现状分析

阅读教学在整个语文教学中占据着重要地位。我国当前的语文阅读教学仍旧存在一些问题，主要表现在以下几个方面。

一、教师仍旧使用传统教学模式

中学语文阅读课堂仍以教师"教"为中心，学生"读"的时间少，课堂上的大部分时间都被教师的分析与提问占用。

二、阅读教学目的发生扭曲

中学语文阅读课堂中，教师的教学目的是使学生了解一篇文章的写作内容、写作特点及中心思想等，使学生学会如何"读"，让学生自己去感悟、去把握，而不是用烦琐的分析僵化学生阅读的灵性。

三、学生的阅读量少

相当多的学生除了课本以外，几乎没有课外阅读，他们最多只是为了应付考试而看过一些优秀作文，造成这种现象的原因有以下几点。

（一）学生阅读信仰缺失

阅读信仰的缺失必然导致精神信仰的缺失。没有阅读信仰的民族是一个可怕的民族。在学校里，学生要跟没完没了的习题做斗争，走出校门还要跟各种遥控器做斗争，多数学生缺少阅读信仰。

（二）学生课业负担重

学生课业负担过重，挤占了学生阅读的时间。学生每天忙着写作业到深夜，忙于应付大大小小的考试，好不容易到了周六日，各种补课班又开始接踵而来。纵有十八般武艺在身，学生看似强大了，但这是一种孤独的强大。因为在各种"术"的学习中，学生的心灵并没有被唤醒，精神里缺少文化内涵。

（三）家长功利性强

家长功利性强，影响学生读书。家长只关心学生的考试成绩，阅读课外书籍被视为不务正业。在应试教育的背景下，真正的阅读是受到排挤的，大部分学生都没有享受到阅读的快乐。

（四）学生读书需求低

学生读书需求低，影响读书的质量。学生即使阅读课外书籍，往往也只是为了放松消遣而去读一些通俗读物，而不是想通过阅读，提高自身的阅读能力。大多学生对经典读物有束缚，认为它们读起来费劲，从而没有兴趣。学生的课余生活大多被是手机和电脑占据，从而导致大脑长时间处于被动接收状态，这对青少年的成长发育是非常不利的。

（五）学生对阅读迷茫

现在的中国图书市场可谓相当大，但选择多了，问题也多了起来。有些学生明白读书的重要性，渴望读点好书，但面对书海感到茫然，不知道自己这个年龄段适合读什么样的书，以什么样的方式来读书对他们来说更是一个难题，不少学生尝试过后觉得无成就感，于是就放弃了，几次的挫败感使学生自觉燃起的读书兴趣的火花悄无声息地熄灭了。

（六）教师指导作用的缺失

教师示范指导作用的缺失和人们对阅读教学的误解，阻碍了学生阅读的脚步。学生即使读了一些名著，大多也只是停留在浅层次的理解上，追求一种阅读的快感，文学层面上的思考相对较少。

第五节　中学语文阅读教学的策略探讨

一、改善学生阅读现状

（一）激发学生阅读兴趣

教师应在阅读教学中做到以学生为本，及时更新传统教学观念，调动学生的阅读兴趣，使学生充分发挥主观能动性；应多鼓励和表扬学生，激发学生学习的动力，使学生感受到满足感和成就感；应创造活跃的课堂氛围，使学生身临其境，消除学生的不良学习情绪，使学生更好地理解课文内容，提高自身的阅读能力。

（二）引导学生有感情地阅读

在阅读课堂中，教师应给予学生充足的时间，引导学生有感情地阅读，保证学生有时间训练阅读能力，让学生在阅读中有所感悟，加深对课文的理解，提高学生的认知能力和阅读能力。教师在发现学生出现阅读问题时，应及时解决，加强训练，引导学生反复阅读。

（三）培养学生良好的阅读习惯

教师应积极培育学生养成良好的阅读习惯，提高学生阅读的自觉性，应制订一个详细的阅读计划，引导学生把从阅读中学到的知识与技巧应用到实际生活中。

（四）提高学生阅读理解能力

教师应留出一定的时间，供学生品读课文中的好词佳句，从较深层次去分析课文内容，更好地掌握课文中的知识点，强化学生的语感，提高学生的思考能力和阅读理解能力。

（五）教会学生科学阅读的方法

①朗读和默读：教师应教会学生朗读和默读。教师应不仅能从"读"中判断学生认读的正误、理解的深浅、欣赏品位的高低、探究研讨的精粗。朗读与默读还有助于学生养成眼、脑、口、耳协同动作的良好阅读习惯。

②精读和略读：学生在读书时应先略读一遍，理解文章大意，在精读时做好笔记。经过长期的培养，学生则能做到，略读能提纲挈领，精读能咬文嚼字、纤屑不遗。

③爱读和多读：学生只有达到一定的"量的积累"，其阅读水平、知识水平、人格修养有一天才能达到"质的飞跃"。

（六）加强课外阅读引导

课外阅读是指学生在课外的各种独立的阅读活动，是课外语文活动中最重要、最普遍、最经常的形式，是课堂阅读的继续与扩展，是阅读能力训练必不可少的组成部分。因此，要想真正提高学生阅读能力，教师就必须将课内外相结合，从课堂教学向课外延伸，这是真正让学生走进阅读空间的有效方法。教师需要做的就是帮助学生选择正确的阅读文本，结合有效的阅读方法，培养学生良好的课外阅读习惯，使学生的课外阅读实现利益的最大化。

（七）提高学生阅读的有效性

1. 把握阅读时机

小学阶段是培养阅读兴趣和阅读能力的关键时期。但由于受认知水平的限制，学生还不能在小学期间阅读一些伟大的经典名著。因此，教师应在中学时期培养学生的阅读能力，进行有质量的阅读。

既然已经明确了这一点，教师就要给学生出阅读时间。教师每周要安排两节课，甚至更多的阅读课，只有先保证时间，学生才有可能开始精心阅读，才可能有阅读兴趣的萌发以至于"爆炸"。一起读书的时间会让整个班级、年级、学校的读书行为"发酵"。

此外，教师还应营造阅读氛围，"熏"出读书人。要想把读书这颗"种子"种在学生们的心中，并让它生根发芽，培养兴趣是第一位的，因为兴趣是这颗"种子"最好的肥料。教师一定要给学生们讨论交流的时间和空间，而不是在学生们还没有读完，就滔滔不绝地讲起读书诀窍、提分妙招，让人兴味索然。

2. 推荐阅读作品

教师推荐优秀的阅读作品让学生品读，可以使学生的阅读更加高效。教师推荐课外书首先要根据学生的文化基础、认知水平、心理特点等方面，选择学生能读懂的作品；其次，可选择一些贴近生活实际的优秀作品供学生阅读，这会对学生产生较大的影响；最后，还可选择一些自然、科学、历史等方面的作品，开阔学生眼界。

3. 指导学生有效阅读

学校可开设阅读课程，促进阅读活动课程化，若另外开设阅读课程有困难，可将阅读课程融入语文课程，并定期进行阅读指导。以课文为对象的课内阅读教学应与课文外的课外阅读教学的阅读指导是各有侧重的。在阅读指导中，教师应制订层次化的阅读指导目标，划分精读与略读。阅读课程的形式应是多种多样的，可以是专题阅读课，也可以是名著导读课，还可以是阅读表演课。

教师应指导多种阅读方法，如速读、精读、做笔记等。速读是指快速阅读，通过速读，学生能快速获取知识、检索信息；精读是指细致阅读，精读要求学生细细品位作品，了解作品的写作特点与蕴含的思想感情；做笔记是指学生在阅读时，把一些有价值的内容标记下来，可进行摘抄，写上自己的看法，也可写读后感或内容摘要。

阅读应与写作共进，共同提高学生阅读的有效性，教师应以阅读扩充学生写作词汇量，以写作深化学生阅读。教师可让学生每周写一篇读书笔记，内容不限，写法不限，只要是学生真实的情感流露就好。三年下来，每个学生三年后会攒下来好几本读书笔记，学生的阅读量上去了，写作也不再是件难事了，成绩自然也会得到提高。

二、优化组合阅读教学方法

中学语文阅读教学方法多种多样,为语文教师提供了更多可发挥的空间,但同时教师也面临着应如何根据教学实际,选择最恰当的教学方法并加以运用的问题。要实现阅读教学方法的优化组合,教师首先要对教学方法的一般特征和选择教学方法的一般依据具有一定的认识。

(一)教学方法的一般特征

第一,教学方法具有依存性。教学方法是实现教学目的的条件和手段,一定的教学方法取决于一定的教学内容,为学生完成一定的学习任务服务,并由一定的教师操作使用,所以教学方法依存于教学目的和教学内容,并受学生学习水平、认知水平和教师的教学学水平的限制。

第二,教学方法具有局限性。每种教学方法都既有优点又有缺点,都既有助于实现某些目的,又不利于另外一些目的的实现。因此,不存在适用于任何情况的教学方法,也不存在在任何情况下都是最好的教学方法。

第三,教学方法具有互补性和发展性。某些教学方法的短处恰恰能为另外一些教学方法的长处所弥补。各种教学方法如果配合得当,可以产生优势互补、相得益彰的效应。同时,教学方法也总是在不断更新、完善和发展的。随着人的认识水平的提高和各种改造世界的物质条件或手段的不断完善,教学方法也处在优胜劣汰的发展变化过程中。

(二)选择教学方法的一般依据

第一,选择的教学方法应满足教学目标。教学方法应为满足教学目标、为完成教育任务服务。能实现教学目标的教学方法就是恰当的教学方法,离开教学目标选择教学方法会导致形式主义。

第二,选择的教学方法应符合教学内容。教学内容决定教学方法,教学方法应随教学内容灵活变化。

第三,选择的教学方法应符合学生的特点,贴近学生实际。教师在选择教学方法时应根据所教学生的性格、心理以及认知水平等因素,选择恰当的教学方法。即使是面对同一个年级、同一个班,也要因班级和学生的风格和水平差异,选择不同的教法。

第四,选择的教学方法还应符合教师的特点。每位教师的教学风格各不相同,因此,选择的教学方法应符合教师特点,能发挥教师的优势。

第五,教师在选择教学方法时还应因地制宜、因时制宜,考虑教学设备和教学环境等物质条件。

（三）阅读教学方法优化组合的原则

作为教学方法的一个组成部分，阅读教学方法也具有上述一般教学方法的诸多特征，选择阅读教学方法，也要遵循一般教学方法所遵循的原则，具体有以下几点。

第一，要尽可能想到多种阅读教学方法，以进行综合比较，可选择的教学方法越多，就越能实现优化组合。

第二，要清楚认识每种阅读教学方法的优缺点，在此基础上选出最优的组合形式。

第三，综合考虑选择教学方法的一般依据，所选择的教学方法应符合一般依据，并按照一定的顺序将教学方法进行优化组合。

第四，优化组合的方式要灵活，或新旧搭配、动静结合；或疾徐有致、深浅有序；或一法为主、他法为辅，或多种方法交替并用。教师要综合运用各种方法去调动学生的多种感官和思维，从而达到最大化教学效果的目的。

第五章　新课程背景下的中学语文写作教学

阅读鉴赏可以通过机械性的强化得到提升，写作的教学方法却是难以把握的，很难产生"立竿见影"的效果。但是写作教学在中学语文教学中所占比重较大，所以，研究中学语文写作教学具有十分重要的意义。

第一节　中学语文写作教学的目的与内容

一、写作教学的目的

学生如何运用文字来表达思想，以及写作能力，是写作教学的主要目的。

（一）培养写作能力

培养学生的写作能力是写作教学的直接目的。信息社会的飞速发展，逐渐丰富着写作能力的内涵。写作能力主要包括以下两个方面。

1. 专门能力

写作教学中的专门能力主要分为五个方面的能力：第一，要能根据要求，理解题意并打开写作思路以及防止离题偏题的审题能力；第二，在确定中心或主题之后能选择材料和组织材料的立意选材能力，具体表现为迅速定向信息、获取信息、分析信息和加工信息；第三，在中心主题确立后能解决材料安排的条理、次序、详略等问题的谋篇布局能力；第四，能用书面语言准确、生动、鲜明表达思想的语言表达能力；第五，能对文章进行修改润色的修改文章能力。

2. 基本能力

写作教学中的基本能力主要分为四个方面的能力：一是观察力，即善于观察社会和生活中的事物特征、积累写作素材的能力；二是思考力，即通过写作思维方法进行审题立意，确立文章的题材和体裁以及明确写作中心后选材和组材的能力；三是想象力，即在已有的材料和思路上进行创造、拓展的能力；四是联想力，即由眼前已感知到的事物联想到与其相关的其他事物，使文章立意更加丰富新颖的能力。

（二）促进健康人格的形成

人格是指一个人具有一定倾向性的心理特征的总和，主要包括动机、兴趣、理想、信念以及行为方式等。学生在写作中对事物的认识和感受会在一定程度上反映出学生的信仰、观念、态度和思想感情。因此，学生思想品德、意志信念、审美情操和习惯态度都会受到写作的潜移默化的影响。因此，教师在指导学生写作中应教育学生做一个说真话、实话、心里话、言行一致的人。

二、中学写作教学的内容

（一）写作知识

写作能力的形成和发展离不开写作知识，学生对写作知识的掌握很大程度上影响着学生的写作能力，主要表现在四个方面。一是语言表达。从手段来看，作文可以分为口头作文和书面作文两部分。首先涉及的是音、字、词、句的知识，它们是构成文章的基本单位。因此，教师可以在阅读教学中实际讲授炼字、选词、造句的知识，指导学生认识和掌握不同句式、句型的特点，这样做有助于学生在文章中表达复杂的思想感情。二是内容表达。从内容表达上看，文章需要遵从各类文章约定俗成的表达体例、模式和各种表达手段来增加文章的文体感。教师需要指导学生了解记叙、说明、议论等文体知识，以及叙述、描写、议论、说明、抒情等表达方式的知识。三是文章组织。从形式上看，教师应教给学生逻辑方面的知识，帮助学生解决写文章时要运用逻辑思维来安排文章结构及段落层次的问题。四是作文过程。从实践过程上看，写作前要有准备地深入观察、认识了解生活和事物，需要调查研究和博览群书，从中摄取写作材料；写作过程中要审题、选材、组材、修改，最后成文。

（二）写作方法

教师在进行中学写作教学时，要指导学生通过实践掌握一些基本的方法。①记叙。记叙的主要方法有略写、详写、顺叙、倒叙、插叙。主要用于叙述描写中的议论与抒情。②描写。主要包括对人物形象描写、环境勾勒与具体景物描写、正面描写和侧面描写，以及抓住特点进行描写。③抒情。指在描写、叙事、论理中抒情。④说明。指对举例、分类、比较、引用、运用数字、下定义、设计图表等的解说与阐释。⑤议论。主要分为正反、并列、反驳、层递四种论证方法。⑥构思。构思的主要方法有对比、抑扬、衬托、照应、象征和铺陈等。

(三) 写作心理

如果一个学生对作文不感兴趣，甚至惧怕作文，那他自然也写不好作文。因此，良好的写作心理在写作教学中占有重要地位。学生在写作活动中所表现出来的心理特征被称为写作心理，主要从以下几个方面培养学生良好的写作心理。

1. 引导学生善于观察积累

生活中并不缺少美，但学生缺少发现美的"眼睛"。因此，教师需要学生留心观察，勤于思考和积累，这样做有助于提高学生对社会生活的理解和感受能力。学生对事物越强烈的理解和感受，越能引发其写作欲望；对事物的理解和感受越深刻，学生写出的东西就越生动逼真、刻骨铭心。

2. 培养学生的写作兴趣

兴趣是最好的教师。教师应鼓励学生对自我正确地认识、积极地塑造和大胆地表现。有人说："有时一两句鼓励的批语，胜过一大堆指指点点。"因此，对一些缺乏写作兴趣的学生，教师要积极肯定其作文的长处，增强其自信心，减少其对写作的抵触感，慢慢培养其对写作的兴趣。

3. 帮助学生坚定意志信念

教师应帮助学生集中写作注意力，不轻易被外界干扰，遇到困难不退缩并能积极、主动地寻求解决的办法。

4. 培养学生的创新性思维

创造性思维和想象在写作中占有重要地位，因此，教师应鼓励学生敢于创造并做到有创意的表达。这样做有助于丰富文章内容、拓宽写作思路、使文章结构更加完整。

第二节　中学语文写作教学设计的理念

一、激发学生兴趣

德国教育家第斯多惠说过，教学艺术的本质不在于传授，而在于激发、唤醒和鼓舞。正所谓"知之者不如好之者，好之者不如乐之者"。与其生硬地推动学生向前走，不如唤起学生兴趣。兴趣是最大的内驱力，唤起学生的兴趣，要遵循以下两个原则。

（一）作文训练要循序渐进、由易到难

教师应先让学生把一件简单的事情说清，正所谓"贪多嚼不烂"。如果连一个简单的片段描写都无法搞定，就更别提要写出一篇精彩的文章。教师要从小处着眼，让学生从片段描写着手，人物也好，场景也罢，接下来再使学生扩展到记叙文全篇的写作。对于基础差的学生教师要鼓励他们进行模仿，并在适当的时机加以引导。

（二）培养学生的自信心

人有自我实现的需求。教师应努力去发掘学生作品中每一个细小的优点，并给予表扬，哪怕是一句话、一个词，长期坚持，学生的自信心就会得到提升。教师要用权威的点评、热切的希望，温暖学生的心灵，真正地为孩子的成功与进步，奉献出自己最真诚的赞美。

二、强化阅读

教师可以通过两种方法强化学生阅读。一是引导学生重视课内阅读。教师要引导学生从课文中寻找训练的切入点，可以选择以课文留白为切入点、以情节想象为切入点或以语言的表达为切入点、以文中的哲理语句切入点，让课内练笔成为一种常态化的行为；二是鼓励学生拓展课外阅读。

三、鼓励学生观察生活、关注社会

生活是一切文学创作的源头活水，包罗万象。看似单调、重复的学生生活，却也有着各种可以成为文学创作素材的东西。要让学生们知道"只要人有心，山川草木皆有情"。做一个生活的有心人，不仅要关注身边的人、事、物，还要把眼光放出去，关注时代、社会、家国、民生。教师应引导学生从"小我"走向"大我"，从"当下"走向"历史"，从"只读圣贤书"的小情怀走向"忧国忧民"的大境界。像食品安全、节能环保、和平发展等人类普遍话题，都是非常好的作文素材。教师一定要让学生成为一个拥有生命激情和思维深度的人。

四、培育思维

联合国教科文组织的报告中曾经提到过："教育的基本作用，在于保证人人享有为充分发挥自己才能和掌握自己命运而需要的思想、判断、感情和想象方面的自由。"

人既有内部语言，即思维；又有外部语言，即人们写出来的字或说出来的话。内部语言决定外部语言，有了缜密的思维，才能有畅快的写作。因此，教师需要培育学生的思维。

（一）发展学生的多样性思维

现在的学生写作具有一些套路，如三步作文法、万能作文法、七步定乾坤法等。就像英语作文，基本句式是固定的，学生写的时候根据题目，改一下键词就成了。这种模式化的写作方式将鲜活灵动的作文固化了，将学生的思维牢牢束缚住了。语文教学承担着培育学生思维的重任，而写作教学又是训练学生思维很好的平台。所以，教师一定要解放学生的思想，不要给他们太多的限制，这样才能让他们言由心生，说自己真正想说的话；不要用公共话语、假大空的套话来代替学生的真切体验。

（二）不以主题论好坏

教师经常会说学生的作文立意不高，不要一说到作文就拿立意说话。我国提倡学生在文章中抒写光明的、进步的、爱国的、高贵品质的内容，但并不等于除此以外写别的就不行。学生对人生的思考，他们的青春、懵懂、躁动、迷茫与困惑都是很好的作文主题。

（三）要力求学生表达自己独特感受和真切的体验

现在学生的作文大多是"套板反应"，充分显示了学生阅读面的狭窄、存储量的浅薄，也体现了学生人生价值的缺失与迷茫，作文是学生的精神家园，是他们人生成长的记录。有人说，学生第一次堂而皇之地说谎是从写作文开始的。学生不应认为写作文就是简单的文字呈现，作文应能让学生用整个心灵去拥抱生活，作文是学生的情感载体、精神家园。

今天我国提倡的是"生命作文"，敞开心扉，忠于自我；让灵魂到场，用生命写作。所谓生命作文，就要表达生命的真实感觉，用整个生命去写作，是真性情的表露、流淌。爱是需要表达的，语言可以升华人的情感。面对着学生倾泻而出的真性情，教师也应该付出真心与真情。

五、重视评价，尊重学生

教师在评价学生的作文之前，一定要有这样的意识：一页单薄的纸上闪现的文字，不仅是文字本身，这背后是一颗颗细腻活泼的心灵，教师一定要把批阅作文的过程当作与学生隐性对话的过程，灵魂交流的过程。有的时候，学生写出来的内容可能比较偏激，比较自我，比较浅薄，然而那却是他们自己灵性的抒发，是他们思想的体现，教师应该给予及时而合理的纠正，前提是对学生的文字持有一份真诚的尊重。通过文字走入学生丰富而充满想象的青春世界，是这个职业赋予教师的权利。

六、教师示范

一个教师是不可能把自己没有的东西教给他的学生的。教师自己会不会写作，对于学生的指导绝对会产生两种截然不同的效果，一种是隔靴搔痒，另一种是对症下药。所以，语文教师都应该有给学生写范文的意识和能力。语文教师不要什么都从网上下载，笔下的文字是饱含着生命热度，带着体温的，学生看着教师和自己一起写文章，笔耕不辍，洋洋洒洒，学生会觉得亲切、真实，敬佩之情油然而生。

但是这里需要注意的是，教师的范文要符合学生的写作要求，具有示范性、个性和深度。写"下水文"也并不是说教师给学生布置的每一篇文章，教师都要去写，但是教师一定要具备写"下水文"的能力，如果需要的话应能写出来。就教师的日常工作来讲，作文评语就是另一种形式的"下水文"。

很多学生就是因为教师的作文写得好，心生爱慕与景仰才爱上写作的。现在的师范生一定要加强写作训练，让自己也能写出一手好文章，将来可以自豪而有底气地教自己的学生写作文，让学生沐浴在自己的才情之下。

第三节　中学语文写作教学现状分析

一、写作教学中学生存在的问题

学生对写作感到吃力的原因大体有三点：无情可发、无事可写、无话可说。而这三种状态是紧密相连、不可分割的。正是因为无情可发、无事可写才会导致无话可说。

"无情可发"并非学生缺乏情感，而是学生找不到正确的宣泄情感的方式，没有得到适当的疏导，结果是导致真实情感的隐退、假情感的泛滥。学生不知怎样去调动自己的情感，感受力日益丧失，便不可能再写出好文章了。

"无事可写"并不是指学生的生活中没有事情，而是学生缺乏一种以小见大的哲思和生活智慧。身边的生活瞬息万变，学生却缺少一双发现美的眼睛。秋月春风、飞花流水、四时之景、一草一木皆可入文章。每个学生在儿童时期都有丰富的想象力，可这种想象力却被"一刀切"地扼杀在教育中。如何启迪学生的哲思，让学生从点点滴滴开始，联系到更广大的世界，是教师所要思考的一个问题。值得一提的是,这种联想的智慧,必须来自学生自身的热情,否则又会成为一种束缚学生的定例。

"无话可说"的根本原因就是以上两点,学生没有生活,没有故事,没有情感,当然也就无话可说。但是还有一个重要原因,就是学生书面表达能力的缺失。学生的语言表达能力跟不上,相关词语积累得少,尤其是没有进行大量的阅读。一个没有阅读量的学生,是很难在写作的时候下笔成文的。

二、写作教学中教师存在的问题

当前教师在写作教学中存在的最大问题就是教学的低效能和程式性过强。由这种程式性所带来的死板和僵硬主要表现在以下几个方面。

(一)写作目标设定的问题

在当前的写作教学过程中,写作目标出现了"去情感化"的偏离。教师对学生寄予的期望,更多集中在非情感层面,更多地关注"方法",比如立意要准、紧扣主题、书写工整、没有语病等。这实际上是一种舍本逐末。

情感是一切文字阐发的本源,离开了情感,文字就成了无源之水、无本之木。对写作方法的过分关注,可能导致写作越来越僵硬,学生有了既定方法来应付教师,就再难有发掘情感的热情了。

(二)写作命题与时间的问题

教师的写作命题要注意调动学生的写作积极性。由于教师批改统一命题作文相对容易,但是这种命题作文往往让很多学生觉得无从下笔。因为,这个题目可能是他不熟悉、不了解的,甚至是与他现有的生活知识无关的。这种情况之下,教师一定要他写出像样的文章恐怕很难。况且有的时候教师对写作的规定往往基于一种理想状态,即学生可以在一堂课的时间内按照教师规定的题目写出极佳的文章。教师的理想状态使学生对腹中早已干瘪的词语进行反复排列、组合,这种低水平的重复难以提升写作水平,反而愈发加重了学生对写作的抵触情绪。

(三)教师作文评定的问题

教师对作文评定的"一言堂"制,会打消一部分学生的积极性。"讲评作文"的主体应该是身处同一教学时空的教师和全部学生,而非教师一人。将讲评权下放给学生,其实也是对学生读者意识的一种启发,当学生以作者与读者的双重身份去审视自己的作文的时候,他们可以更好地思考自己应该如何写作,从而培养出一种读者意识。

第四节　中学语文写作教学的过程指导设计

一、命题

写作教学的首要部分便是命题，它直接影响着学生的写作兴趣，也关乎作文的成败。教师在命题时，要考虑学生对材料中的关键词语是否能正确地理解，能否从材料中找到这个关键词并确立文章的主旨；如果不能，又应该做怎样的指导。另外，教师还要注意命题与现实生活的联系，不仅仅要复述材料、拓展材料的内容，而且要从材料的意蕴出发，使学生能够研究解决现实生活中的问题，提出自己的观点和看法。

教师要教会学生掌握命题作文审题方法。审题要做到"不漏、不改、不误"："不漏"指全面审题，不遗漏任何要求；"不改"指准确审题，不随意改变题目要求；"不误"指正确审题，不误解题目要求。审题的具体做法包括以下几点。①审清作文题目中的限制内容。限制内容主要有时间、地点、对象、内容、数量、性质、程度、范围等。②审清作文题目中的关键词，抓住关键词，确立文章的写作表意重心，确定写作方向。③审清提示语，提示语对题目或作解释说明，或作补充介绍，或作扩展延伸，具有方向性与暗示性的特点。教师应帮助学生理解题目，打开思路，写出切合题意的作文。

教师要教会学生掌握命题作文的"凤头"的技巧，包括开门见山、文采增色、巧妙发问、首尾呼应、彰显主旨、引用经典、形象寓理；另外，还要教会学生掌握命题作文的"豹尾"的技巧，包括自然收束法、首尾照应法、卒章显志法、抒发情感法、呼唤号召法、巧发疑问法、景物烘托法、耐人寻味法。

现在的作文教学在作文命题阶段存在一些问题。一是学生缺乏系统的写作训练。在写作教学中，有的教师缺乏一个整体有效的教学计划，往往使写作课成为一个个零散的碎片，课与课间训练的内容没有任何联系。这样的训练是没有意义的，除了一次次的重复，学生的写作水平不会有大的提高。二是命题脱离学生生活实际。知识来源于实践，同样，一篇好的作文也离不开生活实践。教师的命题只有符合学生生活实际，让学生有话可说，才能利于学生的创作。三是教师的命题不符合学生的心理发展特点。现在有些教师为了作文而作文，在命题时往往忽略了学生心理发展的特点。在作文命题阶段，教师要注意以下命题原则：①制作整体的写作命题计划，针对每节写作课，教师心里要有规划和训练重点，不可每次写作都是简单的重复，有了计划安排，才能使整个写作训练连贯起来，成为一个系统。②命题要贴近学生生活，阅历是一种财富，只有写实才能使文章生动精彩，一个贴近学生生活实际的命题，有利于调动学生各方面的积极性，使他们写出精彩的文章。③命题要符合学生的认知水平。

二、作文指导

作文指导是继作文命题后又一个重要的环节。作文教学过程需要教师发挥指导作用，在什么时间、什么地点发挥作用，指导到什么程度，需要教师根据学生的实际情况、作文命题的具体要求来安排。写作指导在无形中是对学生技能的一种训练，是对学生写作能力的一种培养。

（一）审题立意

立意构思是写好作文的一个关键性因素。在写作指导中，教师要帮助学生分析问题包含的基本义、引申义。只有准确理解文题含义，才能把握写作要旨。

在审题立意训练中，教师要重视以下几个方面的训练。

①重点分析"题眼"。命题作文的"题眼"就是文中的关键词。命题作文对写作的范围起着约束限制的作用，因此，学生在写作过程中要注意题目中的限制词语、修饰词语和补充词语，它们是文章特殊要求的标志。同时也要注意副词隐含的信息与要求，避免文章偏题。

②要完全理解比喻意义。学生在审题时要认真阅读比喻性题目前的提示语，审题时要审清题目中因果、条件等内在联系，这样做有助于学生把握文字较长或句式复杂的题目的内在关系，从题目中审出详略安排方面的要求。

（二）选材

选材的意义是深化写作意图和充实写作内容。选材的过程是赋予文章内容的过程。选材的原则是要围绕写作意图选择典型、新颖和生动的材料。

选材的方法大致有以下两种。

①鉴别，主要分为真伪的鉴别和程度的鉴别。真伪的鉴别是对材料的存在、发生条件和过程真假的鉴别；程度的鉴别是对一定的写作意图和深浅程度差别问题的鉴别。

②剪裁，主要分为截取、详略和侧重。截取是指在注意完整、把握实质的基础上，从某类或某个材料中取出与一定的写作意图相关联的材料或材料局部。详略的主要目的是为了使主旨鲜明、突出重点，详写与写作意图相关

的重要材料，简略不重要的材料；侧重是在不违反写作意图的基础上，强调突出文章内中的某一材料。

（三）布局谋篇

学生要写出布局合理的文章需要做到以下几点。

①完整性。部分与部分、部分与整体之间有着内在联系，它们的外部形式又是统一的，相互间不能彼此孤立。构成文章的各个局部应服从主旨表达的需要，学生要以线索、逻辑、时空或主旨来组合各部分材料，相互协调以构成完美的整体。

②严密性。文章要具有思考与表述的连续性和逻辑性，学生在写作过程中要注意义脉畅通，以及句子与句子之间语意上的连贯，做到前后呼应、上下连贯。

③层次性。学生在写作中要有条不紊地构筑文章，要按一定顺序写，如先写什么，后写什么，怎样开头、结尾或者怎样过渡，如何照应，意义段的起、承、转、合等都要求有清晰合理的层次安排。小到复句、大到意义段都存在内部和外部的次序与步骤。

④灵活性。灵活性是指文章结构要富于变化，灵活巧妙。

学生自己很难做到以上几点，因此，教师要指导学生掌握谋篇布局的以下两个方面技巧。

1. 内部结构技巧

①安排好文章的线索。文章中都会有思想感情发展的路线，这种路线就是贯穿全文的线索。情节线索和感情线索像毛线一样，交错编织成文章里全部的人物、事件和景物，构成一个严谨的艺术整体。线索的安排方式有：以时间为线索、以人为线索、以物为线索、以事为线索、以感情为线索。

②安排好文章脉络。脉络是作者观察、认识事物时思维活动过程的路线。文章的脉络是作者观察事物、分析问题和思维活动的条理性在文章中的再现。脉络具有以下特点：一是条理性，它是指思想脉络的表达，不仅要有顺序，而且各个次序内容之间要有严密的连接关系，如衔接关系、并列关系、总分关系、转折关系、因果关系等，不论哪种关系，都要合乎逻辑；二是严谨性，它是指思想脉络细密，没有漏洞。论证过程要严谨，分析问题要合乎辩证法，防止片面性。这样，文章的内容在逻辑上才能周严缜密，无懈可击。

2. 外部结构技巧

①安排好层次和段落。一般来说，层次大于段落，一个层次的往往需要几个段落来表达。但有的时候，段落的划分恰好与层次一致，"层次"等于

"段落"。层次着眼于思想内容的划分，段落则是由文字表达的需要而产生的。层次和段落既有联系又有区别，两者相互依存，是谋篇布局的重要环节，也是文章结构的重要内容，必须认真对待。

②过渡和照应。过渡是指段与段之间的衔接；照应是指开头与结尾的照应，前后文内部的照应，各部分与题目之间的照应。掌握过渡的方法和技巧，思路转换、情景变化、视角转换、叙述顺序、总分起止以及表达手法转化等，都要安排过渡。段落之间要用过渡词语、过渡句子、小标题或过渡段落承上启下。照应的方法和技巧有照应题目、首尾照应、前后照应。

（四）表达方式

文章有很多种表达方式。表达方式能构成许许多多不同类型的文章，灵活运用表达方式，才能让这些表达方式发挥效果，使文章写得更好。

①记叙。作为写作中最基本、最常见的一种表达方式，记叙在写事文章中应用较为广泛。它以叙说和交代的方式对人物的经历和事件的发展变化过程以及场景、空间的转换进行表述。

②描写。它是记叙文，特别是文学创作中的主要表达方式之一，它通过对描写对象的语言、动作、神态、心理、外貌以及环境的描写，将描写对象的状貌、情态再现给读者。如果文章中的描写手法运用得好，作者就能生动形象地给读者描绘出一幅画面，使读者如临其境，从中受到强烈的艺术感染力。所以，描写也作为一种辅助手段出现在抒情、议论、说明文中。

③抒情。抒情虽然是抒情文体的主要表达方式，但它作为一种抒发和表现作者感情的方法，也常常以重要的辅助表达手段出现在文学作品和记叙文中。

④议论。作者想表明自己的观点和态度，从而对某个议论对象发表的见解被称为议论。议论是议论文的主要表达方式，同样也以一种重要的辅助表达手段出现在文学作品、记叙文和说明文中。它能使文章更加鲜明、深刻，具有较强的哲理性和理论深度。

⑤说明。说明是以解说的方式用简明扼要的文字，将事物的特征、性质功用等解释清楚。被解说的对象可以是有实体的山川、花草、建筑等，也可以是意识、思想、原理、观点等抽象的事物。

（五）指导学生修改作文

作文修改的内容一般包括语言文字、标点格式、主题题材、结构布局、逻辑修辞等几个方面。

①修改语言文字。学生写作时注意力主要放在作文的内容上，因此，难免疏忽了书面表达，文中出现错别字、漏字、用词不当、搭配不当、语序不当、不合事理、重复累赘、成分残缺等问题。要解决语言文字的毛病，就要注重语言文字的规范性。

②修改标点符号。标点符号是一种特殊的文字，是文章重要的组成部分。标点符号停顿的位置影响着句子的表意。

③修改主题题材。主题是文章的灵魂，是作者通过文章的具体内容想要表达的基本思想，即文章的中心思想。

④修改结构布局。要写一篇作文首先要审清题目，根据要求确定主题并围绕中心思想选好材料，就是对文章的构思布局。作文结构布局的修改主要应从段落层次、主次详略、过渡照应、开头结尾等方面来考虑。中学生一定要从宏观出发，整体把握，关键要看材料和顺序安排是否合理。

⑤修改逻辑修辞。作文中常见的逻辑毛病主要有自相矛盾、前后不连贯、语意有歧义。作文中修辞格运用方面的问题主要有比喻不当、夸张过度、借代不妥、拟人失误。

修改作文的方法主要有以下几种方法。

①增补法：适用范围广，既可用于大的方面的扩展，亦可用于具体时间的填补，但不宜用得过多，不能处处增补，全面"开花"。运用这种方法的主要目的是减少缺憾，弥补遗漏，所以修改时要注意服从重点，分清层次，切不可面面俱到，甚至喧宾夺主。

②删除法：它也是一种普遍适用的方法。操作时，作者应以文章主旨和表达意图为原则，节外生枝的内容、重复累赘的语句、空洞乏力的议论均在删除之列，一定要能"忍痛割爱"。删除时，作者应注意保持文脉的畅通。

③调整法：该方法既适合于段落层次的调整，也适合于句群和词语的调整。在实际运用时，要注意瞻前顾后，整体把握。

④改换法：即更换法，它也是一种经常运用的修改方法。它主要适用于语言文字、标点符号方面的修改。对修改者的语言文字功底要求较高，涉及文字、词汇、语法、修辞、逻辑等各方面的知识。

⑤阅读法：该方法讲究阅读和修改的同步性，一般需要边读、边思、边改，切实达到读改结合，读改同步。阅读法注重读和改的反复性。文稿的修改往往不是一次性的，而需要作者经过反复的阅读和修改，直到满意为止。

⑥讨论法：该方法要求大家聚在一起，互相传阅，切磋商讨，然后由作者对大家的意见加以综合、取舍，在此基础上对作文进行修改、润色。这种方法适用于有代表性、争议性和疑难性的作文，其目的不仅只是修改一篇文

章，主要是通过讨论明辨是非、开启思路、强化知识、促进学习。

⑦依据批语修改法：该方法主要适用于对文章做较大方面的修改，如构思立意、章法结构、详略取舍等。这种修改，一般要做较大文字改动。运用此法，一定要先认真阅读，仔细琢磨和领会教师的批语，进而对照文稿深入思考，最后动笔修改。

⑧对照中心修改法：该方法是一种着眼于宏观审视的修改方法，适用于各种体裁，各种形式的作文，其作用是从总体上把好中心点，确保文章中心不出偏差。一般而言，作文初稿完成后，作者首先要运用此法，对照在审题立意阶段确定的中心思想，看写成的文稿是否切题，是否符合原定的中心，并且是否突出了中心，然后据此修改。

三、作文批改

（一）作文批改方式

"批者，评也；改者，正也。"传统的作文批改方式主要是教师批改。随着新课改的推进，学生主体地位的提高，教师也越来越注意发挥学生的主体能动性。现阶段的作文课上有很多作文批改的方式，常见的批改方式如下。

1. 集体批改

每次作文写作结束之后，教师都要从班级中选取有代表性的学生习作，在全班公开讲评批改。被选出来的作文一定要具有代表性，既不是特别好的范文，又不是问题较多的文章。选择出来的文章应该有比较突出的优点，供全班同学学习，也应该有大家普遍存在的问题，让其他同学引以为戒。集体一次性能够批改的作文量较少，可以做到精批、细改，全班同学都可以发表看法，各抒己见。教师要在批改之前和被批改的学生做好沟通，经得作者的同意，以免触犯学生的隐私和造成不必要的尴尬。

2. 小组批改

这种方式可以一次性批改较多的作文量，同学之间可以讨论和对作文发表自己的看法，并且可以了解其他同学的写作水平，便于同学直接互相学习，相互影响，共同提高。

3. 学生互改

两个同学之间互相批改，写自己的，批改别人的，效率最高。但在实际运用中，该批改方式往往达不到应有的批改效果。因为，批改需要较高的写作能力，有一些水平相对较弱的同学很难把握其他同学的作文水平，批改水平堪忧。

4. 自我批改

教师在让学生自我批改之前可以提出比较有建设性的意见，例如：画出作文中做假的地方，换成真实的内容；把作文中可有可无的话删掉；把大家都可以写出来的话，比较俗气的部分换成新颖的表达方式；把题目换成更有深意的等等。让学生自我修改是一个好的方法，很多好作文是改出来的。教师让学生批改之后，要让学生学会总结，如果一个学生学会了自己批改文章，那他的写作水平一定会提高一个层次。

5. 当堂口头批改

指定一个学生在全班朗读自己的作文，师生边听边记优缺点，待到朗读的同学读完后，其他同学评价其优劣，并提出修改意见。这种做法的优点有：省时省事，简便易行，一节课可以批改多篇作文；既锻炼了学生的听力、注意力和思维敏捷性，也锻炼了其口语表达能力；同学在听的过程中还可以做到取人之长，补己之短。这种做法的缺点有：因为作者读的过程比较快，所以教师和其他学生很难听得很细致具体，大家所提出的意见是不是都合理，还需要进一步斟酌。

6. 评比竞赛

教师把学生分成若干小组，将各组推举出来的优秀文章抄出来，张贴在教室墙上，过一段时间后，组织学生评比，从而评比出全班最佳作文。这种方式可以调动学生的积极性，写出好文章。评比的过程也是一个学习过程，每个学生要看十几篇他人的作文。自己如果写得好被人欣赏，会让自己更加努力；如果看到别人写得好，会见贤思齐，争取赶上他人。

7. 合作式批改

这种方式是由作者自己、其他同学、教师共同完成的。首先，其他同学只批注不修改，找出文章的闪光点、创新点以及存在的问题和不足之处。然后，由作者根据其他同学的修改意见来修改，在这个过程中，作者要重新温习自己的习作，联系写作要求，结合同学批注，纠正失误，如果有不同意见还可以和给自己批改的同学进行交流、切磋，以加深领悟。最后，教师评，既评"批改者"批的是否准确，又评"修改者"改得是否到位。

8. 家长评改

家长也可以成为学生作文的评改者。家长评改可以是家长评改自家孩子的作文，也可以是交换式评改，家长评改自己孩子同学的作文。这种方式可以把家长的参与意识调动起来，使家长对孩子的作文多一些关注，而且也有助于家长了解其他学生的作文水平。

9.网络评改

现在的信息技术如此发达,教师可以把学生的作文传到网络平台上,同学们可以在上面各抒己见,进行评改留言。这种方式可以隐去学生的真实姓名,大大调动学生的积极性,使学生的兴致更高。

(二)作文批改建议

作文批改应以培养学生的修改作文能力为目的,尽量综合各种修改作文方式的优点,具体建议如下。

1.读改结合

阅读教学是培养学生作文修改能力最有效的途径。教师应当引导学生通过学习教材中的文章,细细揣摩作者的构思和语句,指导学生有目的地了解作者遣词造句、谋篇布局的方法并加以运用,从而提高学生的语感和修改作文的能力。

2.采取科学的双边批改的方式

批和改是相互联系、相辅相成的,批是改的基础,改是批的目的。教师需要理解并合理处理批和改的关系,而不能一人包揽所有的批改工作,使学生丧失改的能力。

首先,由教师来批,学生来改。在作文批改中需要把批和改分离开来。为防止学生拿到作文后,不看、不在意分数或评语,教师可以在对学生的作文进行书面批阅的过程中,对需要修改的地方做上符号或加以眉批,并引导学生自己进行修改。其次,教师和学生也可以面批面改。面批是教师在书面批阅的基础上,面对面地对学生进行指导,让学生一边读一边对标出的错误发表自己的修改意见,由教师帮助分析并指导修改,为培养学生修改作文打下基础。

3.注意及时性

学生写作是自己想法的创造性表达,作文评价结果是学生急于想知道的。因此,教师应把结果及时反馈给学生。如果拖延太长时间,学生会淡忘写作的内容与要求,不利于教师的评讲,达不到预期的效果。

4.紧扣训练内容、有针对性地批改

作者应把写作系统化,使其成为一个连贯的整体。因此,作者在作文批改中要根据训练要求,按照标准,有针对性地批改。

5. 激励性

作文批改要以激励为主，应避免打击学生积极性的评语及做法。作文的确有优、良、中差之分，但作文批改不能影响学生写作的态度，使其抗拒甚至厌恶作文。只有多鼓励，多调动学生的积极性，只有学生愿意动脑筋写，才能作出好文章。

6. 批为主、改为辅

批主要是指对文章思想内容、结构等的批注，启发性的批注有助于学生自己发现问题。而改则是指对字、词、句等的修改。教师在作文批改过程中，应多批少改，保持原文，不能脱离学生的思想实际而把作文改得面目全非。

7. 兼顾内容与形式

教师和学生在作文批改过程中，既要注意文章的内容，也要注意文章的形式，只有文质兼美的文章才是好文章。

8. 教师要擅写评语

作文的批改方式越来越丰富多元，但是都无法取代教师的传统批改方式。这种方式依然是最有效、学生最在意的方式。教师的作文批改主要是以作文评语的方式反馈给学生，学生拿到作文本，都非常关注教师写了些什么。敏感的中学生会通过评语来揣摩教师对他的感情。因此，教师要擅写评语，使作文教学评语成为向学生传递作文技巧和心灵沟通的平台。

（1）评语应具体易懂

教师的评语中经常会出现这样的表述：生活气息不浓，描写不细腻，中心不突出，层次不清楚。这些套话，概括性太强，学生听起来会不疼不痒，不知道教师具体在说什么，所以往往会不予理睬。如果教师的评语能更具体一些，提示性更强一些，就会大大增强其操作性。

（2）评语应能启发学生探讨

有些学生的作文确实存着很大的问题，这其中有水平问题，也有态度问题，当学生面对评语时，有的学生就会乖乖改过来，也有一些会觉得教师过于武断，反而产生逆反心理，或是应付了事。除非学生的作文有明显的问题，否则教师不应轻易下断语，况且一千个读者就有一千个哈姆雷特，教师也不能保证自己评语的正确性和权威性。

（3）评语应幽默有趣

幽默风趣是教师的一种高超的教学艺术和风格，甚至是一种教学智慧。

（4）评语应以情动人

学生最怕的是教师冷漠待之，这对学生来讲，是最大的伤害。如果教师的作文评语只是一个"阅"，或只打一个分数，这就表明教师对学生不关注，同样，学生可能也只是看一眼就放桌格里了，作文评价根本没有起到任何作用。

对学生作文，教师要本着宽容而不失原则，赏识而不虚美的态度，既要看到优点，又要看到不足；既要看到现有水平，又要看到以后的发展，从而做出适当的评价。

四、作文讲评

作文讲评是作文教学的最后一环，也是继作文批改后的关键环节。随着新课改的推进，学生主体地位的提高，越来越多的教师开始注意课堂上学生的参与度，学生也慢慢参与作文的讲评活动中。教师也可以根据学生作文的实际情况和每次作文的具体要求确定作文讲评内容和程序，旨在指导学生认识自己作文的优点和不足，以提高其写作水平。教师在作文讲评课中应注意以下几点。

（一）目的性

教师在制定讲评目标时要依据两个方面的内容：一是之前制定的作文教学总目标，二是本次写作训练中出现的问题。教师在上作文讲评课前一定要制定好教学目标，一定要有目的地上作文讲评课，要重难点突出，对学生写作中出现的问题要有针对性、有选择性地讲解，使学生有实质性的收获。

（二）层次性

由于学生的作文能力的差异，写出来的作文也有好、中、差之分，因此，教师也应该分层次进行讲评。

（三）延续性

教师在作文教学过程中往往忽视讲评后的再写指导，这是很重要的一个环节，讲评后的再写与初次作文有很大的不同。初次作文是在教师的指导下进行的，那时的写作完全是学生根据自己的想象创作的，其写作思路还是有些模糊的。但上过作文讲评课后就不同了，通过教师的讲解，学生明白了自己作文的优势与不足，可以有针对性、有目的性地修改、重写，趁着写作课上的热情，可以把新学到的技巧运用到文章中，改正作文中的不足，使自己的文章增色。

第六章　新课程背景下的中学语文口语交际教学

　　新课程改革特别强调了语文教学中的识字写字、阅读、写作、综合性学习应与口语交际地位相同，它们是初中语文教学不可缺少的重要组成部分，这对语文教学而言具有划时代意义。日常口语交际的基本功能是每个学生所应具备的能力，且学生在进行各种社交活动时，应学会耐心倾听、表达以及交流，在此期间还要注意发展合作精神。这是对现代公民素质提出的要求，也是对基础教育各个学段培养学生口语交际能力的总要求。此外，《义务教育语文课程标准（2011年版）》的"阶段目标""教学建议""评价建议"部分，也分别从不同的角度，强调了口语交际的实践性和重要性。现代社会发展的最基本的需要是加强学生口语交际能力的培养，这也是现代教育发展的需要。

第一节　中学语文口语交际教学的意义与任务

一、中学口语交际训练的意义

（一）从中学生的年龄阶段来看

　　初中生内在知识的积累比起小学生来说要多得多，且这个时期的学生在心理及个人情感特征方面渐渐变得丰富，他们拥有了自己的看法与见解，想要展现自我，证明自己已经长大，对遇到的事情想积极发表自己的见解。这一时期的学生性格尚未完全定型，其内心与想法依然比较天真，所以在说话和交际方面没有成人那种复杂的心理障碍；这一时期的学生正属于身体各器官迅猛生长时期，但在思想上比较单纯，还没有完全成熟，所以，对这个时期的学生进行口语交际中问题的纠正相对是比较容易的。因此，在这一时期抓紧学生的口语交际规范训练，有助于学生学会如何正确与人进行交流，进而实现自我价值，且这对学生未来的发展也具有极其重要的影响。

（二）从学生发展的角度来看

当今是一个知识大爆炸的时代，同时也是经济快速发展的时代，处于这样一个时代中，激烈的竞争是必不可免的，因此，进行口语交际训练是生存与发展的需要。在日常生活和学习中，人们随时都需要与他人进行沟通，在沟通的过程中，听与说是极其频繁的。口语交际能力的培养在国外一直备受瞩目，且国外一直把"讲演"作为一个重要的学问来看待。回顾历史，国内外战争年代都会有各种演讲，而这些演讲都是振奋人心的，都是具有爱国主义情感的，这点足以说明语言的作用是不可估量的。有时语言的力量甚至比武器更为强大。

当今人类社会又发展到了高社交化、高效率化、高信息化的时代，不管是交际中的人情往来，还是学习中的讲授诵读，都与语言有着密切的联系。初中生正在面临现代化社会生活的严峻挑战，如果语文教学忽视了学生口语交际能力的培养，那么，学生就会成为现代社会交往中的聋人和哑巴，成为不会与人沟通、不能与人合作的人。

（三）从开发智力的角度来看

听与说是口语交际中的两种基本活动，但其都是十分复杂的生理活动过程，同时也是一个十分紧张的心理过程。简而言之，听者通过听觉分析器接收声音信息，又由于每个人的生活背景习惯不同，导致性格出现差异，从而需要通过自身特有的思维进行加工理解，因此有必要将说话者的外部语言快速翻译成自己的内部语言，只有这样才能实现听知；然而，听的活动是瞬间的，这就要求听话者要有快速的语言编码能力、准确使用概念的能力以及严密的判断推理能力和丰富的想象力等。

众所周知，只有敏捷与周密的思维，才能使语言在表达上更加准确；只有思维明确连贯，才能使语言在表述中更加有条理性；只有语言符合逻辑，其结构严谨，才能使语言在表述过程中变得流畅。

现实中也不乏这样的例证，例如，一个听知能力强、能言善辩的人，其头脑往往相对灵活、反应敏捷；而那些说话支支吾吾、口语表达能力差的人，智力往往比较低下。由此可见，加强口语交际训练是必要的，它对学生诸多方面都有所帮助，尤其是对学生敏锐的观察力、专一的注意力、快速的记忆力、敏捷的反应力和丰富的联想力、想象力等帮助甚大。

二、中学口语交际训练的任务

（一）口语交际态度和习惯的培养

1. 听话者方面

（1）明宗旨

在听别人讲话时，听话者想要抓住对方要表达的主旨，就需要全神贯注。在听话的过程中，对于不能及时明白的地方，听话者需要仔细琢磨其重要的话语，在此基础上，还要对之进行反复思考，从而将说话者所表达的关键词语和句子进行快速捕捉且得到精准的信息。所以听话者要养成注意听、仔细想的良好习惯，只有这样才算是具备了听的一般能力。

（2）辨是非

在聊天过程中，应尽可能保持冷静状态，在此基础上还要多动脑。每个人的想法都不尽相同，在聊天过程中会发生很多突发事件，特别是在随意交谈时，双方因交流模糊导致一些误解，若听话者在此时头脑不够冷静，很有可能会感情用事，就会出现以讹传讹的现象，以及是非不分的情况。为此，听话者要边听边过滤信息，动脑辨别真假、善恶、美丑。养成了这种明辨是非的习惯，听话者认识能力就能有所提高。

（3）记要点

在日常生活中，有一些人讲话条理很清晰，当然，也有一些人讲话逻辑性较差。在遇到讲话逻辑性比较差的人时，其在说话期间，听话者要注意捕捉有用信息，因为说话者表述过程中可能会出现表述模糊的情况，这样就容易造成一些误解。所以，在听别人讲话时，听话者应养成注意力集中、捕捉并牢记要点，如此一来，既可以正确理解别人所表达的意思，也可以拉近彼此间距离，防止断章取义而导致意思扭曲等情况出现，还可提高学习和工作的效率。

2. 说话者方面

（1）大胆地说、说真话

说话者无论在什么场合，其言谈的内容都要从实际出发，做到实事求是。说话真实是做人最基本的道德，说话者不能为了某种目的去说违背事实、违心的话，在未弄清楚一件事的情况下，不要去断章取义或信口开河讲些与事实不相符的话。

（2）连贯地说、有中心

有些人进行口语表述时，没有重点，长篇大论，使听话者感到其不知所云。

教师应培养学生在说话前，先想好要说什么，先说什么，后说怎么，怎么说好等习惯，这样说起话来才会有条有理、中心突出、层次分明。教师还应教给学生咬字以及发音的方法，使学生在进行口语表述过程中吐字清晰。

（3）说话要积极、应自信

①引导学生克服心理障碍。由于中学生处于特殊时期，其身体和心理都发生了较大的变化，处在这一时期的学生，拥有了自己的想法，他们的自尊心都比较强，他们对别人如何看待自己这个问题比较敏感。以至大部分人不愿意在公众场合说话，担心说得不好别人是否会嘲笑自己，或是说多了给人造成爱出风头的感觉等，因此干脆不说。教师应引导学生克服这些心理方面的障碍，使学生积极地、主动地、自信地表达自己的想法。

②培养学生的说话意识和能力。有的学生认为人与生俱来就会说话，这个是天生的，不需要后天的培养与锻炼；有的学生认为，语文考试用的是纸和笔，又不是口头的东西，因此练不练说话不会影响考试。就上述情况来讲，教师应鼓励学生发表见解，培养学生健康的发表欲，引导学生重视说话，使学生意识到说话的重要性，乐于表达自己，积极培养并提高自己的说话能力。

（4）得体地说、看对象

说话者不可能只对一个听话者进行诉说，因此，由于场合的不同，说话者面对的听话者也是不同的。说话者在进行表述时，应时刻注意自己的态度、语气、用词等是否符合当时的人物需求以及人物心理。教师在进行口语授课时，要注意培养学生分析环境、区别说话对象的习惯，使学生力求说话得体、讲究分寸、讲求效果。

（5）谦虚好学、勤于反思

①说话者要善于发现别人说话时的各种长处，使自己的说话水平不断得到提高。

②在说话过程中或是在说话之后，说话者要及时对自己刚才所表述的状态及内容进行分析，看看自己在说话过程中有没有出现什么问题，并及时纠正这些问题，从而提高自己的说话能力。

（6）大方地说、求清晰

在进行口语交际中，说话者既要尊重听话者，又要注意自己的举止。说话者应做到落落大方，吐字清晰，避免一些小动作的出现，姿态要沉稳。无论是一对一交谈，还是在公共场合发言，说话者的说话语气都要自然流畅，音量要适度，切不可胆怯，说起话来声音过小，使人很难听清或听见；在说话时，身体应直立，切不可歪歪斜斜。

（7）流畅地说、合规范

说话者要养成说话流畅、自然、合乎规范的习惯，不要重复说某一个字或词，与此同时，还应注意说话的顺序要符合逻辑，在句式、词语的选择上也要注意它们是否匹配，尽量避免一些口头禅，这样既有利于使学生口头表达得更流畅，又促进了学生书面语言能力的提高。

（二）口语交际技巧的训练

1.听话者"听"的技巧训练

（1）训练听知注意力

①训练注意的稳定性。这里所说的注意稳定性指的是在与人进行交流时，听话者要长时间保持注意倾听对方说话的状态。

②训练注意的分配。在听他人说话的过程中，听话者是会对一些词语进行联想或思考的，这就需要听话者注意应在什么情况下进行联想或思考。

（2）训练听知记忆力

在进行听知训练时，听话者要注意将说话者所说内容中的有效信息进行提取，这是在整个谈话过程中的重中之重。

（3）训练听知理解力

听知理解力主要指听话者能快速理解说话者的意思。要做到这一点，就需要听话者能把握说话者说话的要点，将说话者所说的内容进行快速概括，再领悟其本意，在领悟过程中要能听出说话者的弦外之音。

（4）训练听知筛选力

在听话的过程中，听话者要有筛选真实信息的能力，简单来说，部分人在进行表述中会出现开玩笑，或是夸大其词的情况，这时，就需要听话者具有能够辨别真伪的筛选能力。还有一些人在进行表述时，通常会用很多话来表述一个意思，这就需要听话者对有用信息进行筛查，听知筛选力是衡量听知能力高低的一个重要因素。

（5）训练听知品评力

听知品评力指的是听话者能够对说话者所说的内容进行判断及评价。判断说话者所说内容是否真实，是否是对的，对方表述的目的是什么，这些都属于听知能力高层次范畴。

（6）训练听知想象力

在听知训练过程中，教师还要锻炼学生听时的想象力，使学生能够对说话者所说的内容进行大胆的推测，以培养其思维的广度和灵敏度，培养其创新意识。

2. 说话者"说"的技巧训练

（1）训练内部语言组织技巧

人们在说话前，需要在头脑中想一下所要表述的内容，例如，想说什么；要怎么说；先说什么内容对方能在最短的时间内听明白。要想把话说得条理清晰、连贯，就需要这样先想后说，抑或是一边说一边想，但说话的语速要尽量放慢些。刚刚说的"想"指的是内部语言，它产生于大脑神经中枢，所有的信息都要经过它的筛选、分析、综合、推理、联想。因此，内部语言组织技巧的训练实际上是思维能力的训练。

（2）训练运用语言表情达意的技巧

语音在语言表达的过程中起着至关重要的作用。如果在表达过程中出现发音不准、吐字不清、语调平平、语速过快、声音过小或过大等情况，就会影响到说话者表情达意的效果，使听话者听不清、听不懂或是听不见等。这就要求学生在说话的过程中，要坚持说普通话，发音要准确，吐字要清晰，声音要铿锵有力。教师在进行教学中，也应教学生一些科学发音知识，使其懂得一些气息控制和调整的知识等。

（3）语音控制能力的提高

在进行口语交际时，说话者应尽可能控制语音，避免出现心口不一的情况。与此同时，说话者在不同场合要注意说话时的语言节奏，对音高、音强、音长、音色等都要有较强的控制能力。

第二节　中学语文口语交际教学的基本类型

一、独白型口语交际教学

（一）独白型口语交际教学的意义

众所周知，口语交际是人的心理活动在外部的一种表现，或者可以说是指说话者将自己的心理活动用外在的言语进行相应地表达。只有具备缜密的思维品质，才可以拥有良好的语言表达能力。独白型口语交际教学，不仅仅是锻炼学生的语言能力，而且还锻炼了学生的思维能力，其注重的是双重发展。

（二）独白型口语交际教学的内容

独白型口语交际是一种言语活动，是独白者将自己内在的思维活动，通过言语进行连贯且较长的表述的过程。在这个过程中，独白者一般不会与听众进行直接的语言交流，听众需要用表情等间接事物进行相应的回应。独白型口语交际教学内容包括以下几部分。

1. 介绍

一般来讲，对于某一种事物的简单或详细的描述就是介绍。这种介绍可以是自己对自己的，也可以是自己对别人以及别人对自己的，没有太多的限制。

2. 陈述

独白者将个人的观点、想法、愿望、对于事物的读后感或观后感、经验、教训、目击情况进行言语表述，说出来或者发布小新闻等。

3. 演绎

演绎是指独白者将表演与诉说进行相应的结合，相对来说是比较有趣的、带有表演色彩的。

（三）独白型口语交际的训练要领

1. 主题的确定

在进行口语交际时，人们首先要有主题，才能使口语交际得以进行，也就是说，主题是进行口语交际的动机。人们根据确定的主题，进行相应内容的表达。如果独白者没有主题就进行口语交际，会使听话者产生头绪混乱的感觉，对其所表述的内容理解产生一定偏差。

2. 对象的确认

在进行独白型口语交际教学时，教师应使学生对交际对象进行了解，由于学生面对表述的人的年龄不同、性格不同、职业不同等，导致学生在表述时所使用的方法方式也不尽相同。因此，学生要选用适宜的方式进行独白，以免产生不良后果。

4. 表达的有效性

只有将要表述的内容流畅、生动、正确地进行表达，使听话者能够快速明白独白者想表达的意思，才算是有效表达。

（1）表达要流畅

表达流畅不仅指独白者能够突出中心、说话流利、辞达意畅，而且其所用的语言应当符合一定的口语交际规范。

（2）表达要生动

在进行表述的过程中，独自者应注意自己表述的方式是否生动，是否使听话者感兴趣，而愿意听自己表述。这就需要独白者平时积累语汇，并且在进行表述的过程中，要对所学所知的材料进行合理、灵活运用。这也是对独白者比较高的要求，同时能极大地提高其语言的表达水平。

（3）表达要正确

教师应教授学生正确表达。何为正确表达？独白者的表达内容要完整，不可有遗漏；表达的主题思想要精简准确，切勿内容过多而毫无逻辑；在表达的过程中，要注意表达的语气、语调是否正确，会不会给听者带来一些误导。

二、对话型口语交际教学

（一）训练"听"的能力

学生想要开口说话，会说话，就需要在日常生活和学习中进行不断地积累，先学会听，听多了，知识积累到了一定程度，便知晓该如何进行表述了。在这个漫长过程中，教师可以让学生听一些简单的新闻录音，然后各自提取自己听到的信息内容，或是运用更多有趣的方式，使学生从中获取相关信息，进而提高学生说与听的能力。例如，请一位同学慢读汶川地震的新闻，每个要点之间停半分钟，其他同学听，并快速记下关于地震的相关数据，在听完新闻后，教师要求学生至少从中获取三个关于地震的实时状况，并提问一些关于新闻内容的问题。比如，本文反映了什么情况？你在倾听时，对消息内容做了哪些预测？你对文中的哪句话印象最深？……以检查学生"听"的情况。

（二）理解"听"的内容

听话者只做到倾听是远远不够的，听的主要任务是明白说话者所要表述的主题。要理解其本质意思，只有明白其所表述的意思才能做出相关回应，从而完成一个完整的口语交际过程。

（三）鉴赏"听"的结果

鉴赏是在理解的基础上进行的。中学生已经具备了鉴赏的能力，第四学段的对话型口语交际教学不应该仅仅停留在学生听懂的层面，而要更加注重鉴赏和积累。在这个教学的过程中，教师可以通过利用身边资源，比如交流视频或是辩论实录等，先让学生进行欣赏，在此之后再让学生自由发言，积极主动发表自己的见解，各自说说自己觉得其中哪些对话说得妙，妙在哪里，从而学会积累一些经典的对话，并能灵活运用于日常生活中。"听"的动作之后便是"说"，也就是表达。表达要有条理，语气、语调应适当，学生应学习文明得体地交流。表达方面的教学主要有以下内容。

1. 使学生具备良好的语言能力

在口语交际中，想要进行内容的表述，就必须具备良好的语言能力。没有良好的语言能力是不能将其所表达的内容进行准确表述的。这也就需要学生在平时大量积累词汇，以及锻炼语言能力。良好的语言能力不是一朝一夕就能练成的，它需要较长时间的针对性的锻炼。教师可以根据不同年级的学习内容，选取一些合适的绕口令结合语音进行学习；或是在课堂上设计一些有意思的针对语言能力训练的小活动，来促使学生养成良好的发音习惯；或是在平时的语文课堂中，让学生朗读字词、课文；等等。这些都是很好的训练机会。

2. 提高学生的思维能力

思维能力表现在口语交际中是能否在听到对方的讲话后立刻作出合理的回应。这就要求学生具备敏捷的思维，在听的过程中，能马上分析出对方话语中所包含的信息，并经由大脑思考，结合实际，立刻做出恰当的回答。然而思维能力的培养并不能单单依靠语文教学，它有多种影响因素，既有先天的因素，也有后天的因素。在语文课上尽量引导学生养成敏捷的思维习惯，做快速的思考和回答。在这方面，教师可以在口语交际教学中设计一些限时的口语练习，让学生在限定时间中做出恰当合适的回答。

3. 培养学生的言语的组织能力

言语组织能力不但影响学生的口语交际，还会影响学生的写作能力的发挥。因此，培养言语组织能力是每个学段的"必修课"。当然，言语的组织能力的培养在语文教学中很常见，从低年级的组词、造句到较高年级的作文训练，无不是言语组织能力的学习。口语交际教学设计中的言语组织能力的教学可以通过各种各样的形式开展。

三、表演型口语交际教学

（一）表演型口语交际教学要注重实践

表演型口语交际教学切不可脱离了学生的学习、生活实际。口语交际教学教给学生的本应就是生活中实用的交际方法，因此，教学设计也必须贴合学生的学习和生活状态，同时要兼顾学生的学习阶段，针对不同年级的学生设计不同的教学方式。但总体而言，表演型口语交际教学应该从生活中来，到生活中去。从学生中来，到学生中去；选择学生熟悉的、感兴趣的、对学生有教育作用的内容进行表演型口语交际教学，使表演能切实地开展。例如，表演型口语交际教学中的经典文学作品演绎。文学作品在课文中并不罕见，在学生的学习生活中也为数不少。究竟应该选择什么样的剧本能让学生对表演感兴趣，这点值得注意。教师应该选择一些简单而富含教育意义的文本，童话便是一个不错的选择。在初中的课文中，还有一些童话寓言故事。许多童话富有梦幻色彩，是孩子们理想中的世界在书中的呈现，是孩子们的第二个世界。为孩子们所熟知的童话故事更会让他们对其中人物的模仿跃跃欲试，很容易吸引孩子们参与表演。另外，童话故事大多包含一些生活常识、哲理等，是孩子们人生的必修课，在表演中快乐地学习这些小道理对孩子们再好不过了。

设计表演活动还应当遵循循序渐进的原则。教师应根据初中生的年龄特点和学习规律，依照各学段口语交际目标要求，设计的表演应当难易适度，能为学生所接受。课本剧的表演能够丰富学生的课余生活，激发学生学习语文的兴趣，更能够训练学生的口语交际能力。

（二）表演型口语交际教学要因地制宜

我国地域辽阔，南北跨度大，自然条件迥异，致使南北经济、文化等发展存在一定差异，当然教育也不例外。我国教材的一纲多本、中高考的地区命题都体现了我国教育的发展遵循因地制宜的规律。教育的发展在一定程度上受制于经济的发展，北京、上海、广州等地的教育明显领先于我国其他地区。这样的发展状况决定了我国教育的发展必须因地制宜，从地方实际出发。表演型口语交际教学也是如此。不难发现，当今的城市文化与乡村文化相去甚远。公园、公交车等这类公共设施在乡村几乎没有，但却是城市生活的一部分。乡村学生在家乡长大、接受教育，也几乎不会接触到这类事物，但并非就不需要学习。另外，在乡村学校，由于环境、硬件设施等条件的限制，学生的课外活动比较单一，文艺表演或者其他各种文艺比赛相对较少，以课堂学习为主。因此，学生得到口语交际练习表演的机会较少，乡村课堂中的学生往往对表演不感兴趣。这就要求乡村语文教师在做表演型口语交际教学设计时，让学生成为课堂中的主人，教师参与少一点，学生参与多一点，才能使口语交际教学切实有效。此外，教师可以根据地方文化特色开展口语交际教学，让地方风俗走进口语交际的课堂，通过课堂以及课外的实践，丰富表演型口语交际教学的内容。

（三）表演型口语交际教学要关注学生的个性

表演型口语交际需要适当结合表演与口语交际。表演源于生活，高于生活。教师要注意每个学生的个性特征。表演型口语交际是挖掘学生在学习以外的闪光点的一个重要途径,也是学生在进行口语交际学习中的动力之一。教师要想在表演型口语交际教学中关注学生的个性,就要做到以下三点。

1. 观察学生在课堂上的表演

教师可以通过学生的表演型口语交际更深入地了解学生,看看学生的另一面。

2. 发现学生的兴趣和特长所在

教师可以通过学生的表演型口语交际来探知学生的兴趣爱好以及特长所在。在得知学生兴趣与特长所在之后,教师可以在今后口语教学设计方面进行相应准备,使学生更加喜欢口语交际课。

3. 呈现多元化口语交际课堂方式

教师在备课时,要对授课方式进行深入研究,授课方式绝对不是单一的,尤其是表演型口语交际教学,其教学方式更为多元化,比如班级辩论赛、班级演讲、课堂即兴的课文分角色表演等。

第三节 中学语文口语交际教学的过程设计

一、口语交际活动的一般过程

口语交际是一种复杂的心理活动,同时也是人类言语交际的基本形式,是人的发音器官和听觉器官的一种生理活动。它包括说话和听话这两个紧密联系着的方面。

人的说话能力是靠人脑的言语运动来支配的。当人们进行口头言语交际时,说话者先要产生说话的动机,用极简略的内部言语确定说话的大致内容,接着要将大脑中储存的词语、句式、语气选择出来,并按照一定的规范排列起来,形成比较完整的内部言语,然后要借助发音器官——呼吸器官、喉头和声带、口腔和鼻腔的协调运动,将内部言语转换成有声的外部言语,传达给听话者。听话者的听觉器官接收了说话者发出的声音信号,会立即通过听觉传导神经把这些声音信号传到大脑的言语听区。这时,言语听区便积极地运行起来,把声音信号变成句子,进而理解其意义。

口语交际的过程是一个语言传递及反馈的过程。说话者将要说的信息传递给听话者,听话者通过对说话者所发出的信息进行合理分析编排,再进行相应的回馈,二者间以交流思想或信息为主要目的。具体地说,运用口语进行交际的过程,就是信息编码、发码、接码和译码的过程。

①编码，也被称为想说阶段。人的说话动机是由于客观现实在头脑中的反映引起的。假如说话者有了说话动机，想把自己的认识或思想传达给听话者，这就需要说话者从大脑的词汇库中寻找和选择恰当的词语，并按照语法规则把这些词语编排成句子，也就是把一定的语义内容组成一定的言语形式。

言语形式是信息的载体。说话者应该力求编码清晰、明确，避免失误。如果编码出现误差，就会"词不达意"，从而妨碍语义内容的表达。

②发码，也被称为说出阶段。说话者具备了说话动机，选择恰当词语及其组合方式进行编码之后，就会通过发送器将言语形式输出。口语的发送器包括肺、喉头、声带、口腔、鼻腔等发音器官。一定的言语形式规定了发音器官相应的运动过程。发音器官必须准确、清晰地把编码后的言语形式输出。如果出现误差，就会使听话者不知所云。

③传码，也被称为传送阶段。经过编码、发码的言语形式一旦被输出，语义内容即附着于言语形式进行传递。在口语交际中，接收器是听觉器官，接收器必须正确地辨识言语形式，否则会产生接收误差，以致张冠李戴。有的人接收器不灵，在交谈的过程中往往会"出岔子"，这就是所谓的接收误差。

④译码，也被称为理解阶段。简单来说，译码就是指听话者通过大脑中的言语中枢对说话者所说的内容进行合理分析与联想，进而理解说话者所说内容的主题的过程。当然，在译码过程中也会存在一些问题，这样就使听话者会对语义内容的理解受到一定的影响。

实际上，言语交际过程中的这四个阶段的连续衔接只是瞬间的事情。言语就是这样在人们交流思想的过程中实现它的交际功能的。

二、口语交际教学设计的要素

（一）学生口语交际学习的兴趣

在口语交际活动中，兴趣往往表现为对话题或话语意义及活动形式等的积极的情绪反应。它对学生的口语交际学习活动的开展及深入起着重要的推动作用。浓厚的学习兴趣可以使学生进入一种自觉、主动的学习状态，从而提高学习的效率。激发与培养学生的学习兴趣，是提高口语交际教学效率的重要策略。培养学生对口语交际学习的兴趣，教师主要可从以下方面入手：①要精心设计训练的话题及训练的内容，激发学生学习的兴趣；②积极创设具有生成意义的交际情境，激发学生参与交际活动的积极性；③努力营造适宜对话的氛围，使学生乐于与人交际，这也有利于发展他们的口语交际能力；④适当利用竞赛因素，让学生通过交际活动彰显个性，并体会交际成功的愉悦，使其对参加口语交际活动保持长久的兴趣。通过激发学生的学习兴趣，引导学生积极参加口语交际实践，有助于促进学生全面、和谐地发展。

（二）学生口语交际学习的态度

学习态度是一种个体意识的倾向性，是人进行活动的基本动力，它往往表现为对认识和活动对象的趋向和选择。当需要被意识到时，它将会驱使人行动，并以活动动机的形式表现出学习者的学习态度。学习态度是影响口语交际能力发展的重要因素。

口语交际的学习是必要的，如果一个学生没有发展自己口语交际能力的意识，即使拥有很好的先天素质和语言环境，也不可能有效地提高口语交际能力。口语学习态度积极与否，与教师的授课方式也存在着必然联系。有趣的课堂和正确的引导会使学生乐于形成独立的、能动的学习自律，并产生积极的意志和信念。在这样一种精神状态下的学习，必然是高效率的学习。相反，消极的学习态度就会导致学生主体地位的丧失，陷入被动应付的状态，其学习效率也不会得到有效提高。

就当前学生对口语交际学习的态度来看，不少学生并不积极，其原因主要是以下两方面。

①心理问题。明显不适应当众讲话，大多表现为紧张、胆怯，既害怕说得不好，在同学面前丢脸，又害怕说得太多，被误认为好出风头。

②认识问题。大多数学生认为说话可无师自通，无须专门学习，有的还认为说话与升学考试无关，学习说话与否对自己没有太大的影响。

在口语交际教学过程中，学生的情感态度起着重要作用。赞可夫把它看作学习的"内部诱因"，布鲁纳认为它是学习的"内在动机"，因此，教师在教学中可以利用情感因素来培养学生积极的学习态度，从而促进教学的发展。另外，教师还可以引导学生充分认识口语交际学习的价值与意义，帮助学生端正态度，使他们克服自卑、畏难的心理障碍，为实现远大志向，积极参加各种言语实践活动，锻炼和提高口语交际能力。

（二）学生口语交际学习的习惯

习惯是同需要相联系的自动化的行为倾向。良好的学习习惯有助于提高学习的效率，不良习惯对学生的学习与发展会有消极影响。从口语交际学习的角度看，良好的交际习惯包括谦虚好学的习惯，乐于与人交往的习惯，以及勤于实践、反思的习惯，等等。从口语交际活动本身看，良好的交际习惯包括礼仪习惯、举止习惯、交往习惯、倾听习惯、表达习惯、语言习惯等。

要培养学生良好的交际习惯，平时教师就应严格要求。在礼仪方面，教师要使学生养成态度自然、讲究礼貌的习惯，在交往中学生要做到举止文明，仪态大方。倾听别人谈话时，学生要做到神情专注，不要东张西望、漫不经心，也不要轻易插话或打断别人的谈话，要注意养成尊重理解他人的习惯；也要注意学会与对方保持目光接触，注意用微笑、点头等向对方作出反应，使双方感情得以交流和呼应。在表达自己的观点时，学生要注意讲究礼仪规范，要做到语言文明，不强词夺理，不盛气凌人，要学会运用语气、表情、手势等增强表达效果。

培养学生良好的习惯，教师还要注重自己的示范作用。在与学生的交流中，不论是听学生回答问题，还是听各种发言，不管是讲述问题，还是平时谈话，教师都要表现出耐心认真的态度及应用语言的素养，从而给学生以良好的影响。

第四节　中学语文口语交际教学的准则及策略

一、口语交际教学准则

（一）系统性准则

教师在进行口语教学的过程中，应遵循系统性准则。尤其是在进行口语训练时，教师应考虑学生的年龄等各方面特征，以及学生所处阶段的认知特点，用循序渐进的方式，由简单到复杂，由分步到综合，来进行成梯度渐进的训练。

1. 从方式角度来看

教师在进行口语交际教学以及对学生进行训练的过程中，尽可能由复述、讲述到转述，由单一训练到综合训练的方式来进行，这样不仅可以使学生的学习成效显著，而且可以激起学生的学习兴趣。

2. 从内容角度来看

从训练内容角度来看，口语交流的互动训练也应遵循循序渐进的原则。教师应重视学生自主学习能力，让学生从愿意到主动积极地进行口语交际，从而使学生在口语交际中的情感得到培养。在教授过程中，教师应根据学生各方面条件及水准提出相应要求，要从学生的实际出发，通过鼓励、表扬，使他们敢说、愿说、擅说。

口语训练的目的不仅仅在于学生开口说，教师还要注意依据教材，抓住重点，进行有针对性的训练；应注意加强各个技能点、知识点、情感点的相互结合，使学生会开口说、敢开口说、有感情地说等，使其口语交际能力得到全面发展。

（二）综合性准则

口语交际不单单指会开口说，它的内容与方式需要综合化，不能孤立进行。

1. 加强听说读写的联系

①具备良好的听的能力，可以在第一时间进行知识的摄取，从而积累说话时所需的材料，也可使听话者更加明确说话者所传达的意思，使口语表达更加准确、丰富。

②具备良好的读的能力，不仅可以使人们说话表达的内容材料得到积累，而且可以在进行语言表达时，使自己所表达的语法等更加规范化。

③书写能够对人们说话时常出现的问题进行良好矫正，从而提高说话质量，使听话者能马上明白其想要表达的内容。

在进行口语交际教学时，教师应明确听、说、读、写的内容是紧密联系的，是不可分割且又相互促进的。

2. 加强口语训练与观察、思维、想象训练的联系

口语训练、观察、思维、想象之间是存在着某种联系的。学生识字后，就会获取大量的信息，也可以理解听到的信息的意思。提高对周围事物的观察能力，学生就可以拥有庞大的知识储备，在此基础上进行思维逻辑的整合，再加上适当的想象，就能了解事物的具体特点和事物之间的诸多联系，把内容说完整、说具体、说准确。与此同时，丰富的想象不仅使学生有话可说，而且能把内容说得生动有趣。

3. 在语文教学的各个环节中培养口语表达能力

（1）阅读写作，渗透交际

在阅读教学过程中，教师可通过一些有趣的，与口语相关的方式对学生口语表达能力以及思维能力进行锻炼。如进行一些小型表演、分角色朗读课文、进行课后讨论等。在作文教学过程中，教师可通过提问评议、矫正语病、培养语感与说话条理性等方式，对学生的口语能力进行锻炼，从而实现思维能力与语言能力共同发展的理想教学模式。

（2）课前说话，鼓励交际

课前交流既可以促进学生彼此间的友谊，也能使学生在交谈过程中获取

更多有趣的信息，为促进口语能力的提高做好铺垫，还培养了学生观察生活的良好习惯。

（三）互动性准则

互动是实现交际目标的前提和条件，在口语交际教学中，教师应加强对学生互动意识的培养。口语交际是交际双方进行信息发出与接收的过程，是需要面对面来进行的一种信息交流活动，也是一种动态变化的活动。交际期间，说话者要根据听话者的情绪反馈，进行语气、语调或是讲话内容的调整，与此同时，听话者又需要根据说话者的表述进行相应的对答。在畅通的信息渠道中，说话者和说话者相互促进双方的表达以完成交际任务。因而，口语交际教学不仅仅是简单地交给学生听或说的技巧，更要在言语实践中培养学生的互动能力。因此，教师在进行口语交际教学中，应注意以下几点问题。

1. 重视示范

教师在进行口语交际教学过程中，对学生的示范是至关重要的，示范也是最为简单的一种授课方式。这就需要教师在日常生活以及课堂之上注意语言的规范性，坚持使用普通话，尽量使用规范用语。

2. 转换角色

传统式教学模式是教师在讲台上进行独白，学生往往只是观看。这就需要教师进行教学思维的转变，将主动权交给学生，使学生做真正意义上的课堂小主人，消除学生在交流中的畏惧心理。

3. 善于评价

在进行口语教学以及交流的过程中，教师应对学生进行较委婉的评价，尤其是当学生口语表达得不好时，教师应及时给予委婉评价，并且及时对学生口语表达得不好的地方加以矫正并正确引导。

4. 面向全体

口语交际训练过程不单是教师与学生之间的互动交流，教师还应给学生时间，使其进行学生间的相互交流，这样学生对口语交际会更加感兴趣。

（四）情境性准则

任何口语交际要畅通、完美，除了凭借正确的口头语言和体态语言之外，交际双方还必须注意交际情景，即语境。所谓语境是指交际的环境时间和空间，以及话语的上下文。社交语言总是处在特定的语境中，正因如此，人们在口语交际过程中能够比较轻松地确定那些多义性语句的所指，能够在口语交际过程中感受到生动、逼真的情境。情境性口语交际的训练，不仅能够调动学生内在真实的情感体验，而且可以激发他们的强烈表达欲望。

二、口语交际教学策略

（一）确立话题策略

在学生进行口语交际之前，教师应先选择好适宜话题。话题的确立应是多元的、开放性的、贴近生活的，教师要选择让学生有话可说的话题，并以话题为纽带，使学生在真实情境中把交际双方紧密联系到一起，在无形中锻炼学生的倾听力、表达力以及交际能力。这样可以使学生的人际交往素养得到提高，这是口语交际的根本目标，也是口语交际教学的一个重要策略。

（二）情境设置策略

口语交际教学不同于一般的阅读与写作教学，在训练的过程中是需要创设情境、营造氛围的，这样有助于学生的学习，使学生能具有现场感与对象感，也只有这样，学生才能锻炼其口语能力和听知能力，因此，要让学生无拘无束、自然而然地进行口语交流就必须创设一个民主和谐的、接近生活实际的交际情境，使学生思想上暂时忘却自己所置身的课堂，步入教学指向的交际情境中，使学生的学习积极性得以释放，这样才能调动学生内在真实的情感体验，激发他们强烈的表达欲望，发展他们的个性和创造性思维，达到口语交际训练的要求。

关于情境的创设，其方式是多种多样的。教师可联系学生的日常生活和经验，创设多元化且符合学生生活实际的情境，来发展学生生活感知能力，使学生在口语交际中说得具体、说得真实、说得有趣，从而有效地培养学生的口语交际能力。教师也可根据时代的主题和社会生活中的突发事件或不良现象，与时俱进地创设社会生活情境，让学生在这些社会生活情境中进行口语交际。这不仅可以提高学生口语交际的能力，而且还能培养学生健康的情感、正确的价值观和崇高的人生态度。教师还可利用音像、图片等各种媒介营造真实自然的交际情境。

（三）多元互动策略

参与交际的人，不仅要认真倾听，听懂对方的交流信息，抓住对方交流信息的要点，而且还要适时接话，表达自己的意见和想法。口语交际是听与说双方的互动过程，是语言信息往来交互的过程，口语交际过程中的语言信息呈双向或多向互动传递状态。

（四）示范指导策略

所谓教师的示范作用，就是要求学生做到的，教师大体上都能先做到，而且做得更好。在口语交际训练中，教师的示范极为重要。无数事例说明，学生总是以教师的表达为范式。就说话而言，教师生动，学生也追求生动；教师雄辩，学生也追求雄辩。教师说话中的许多特点和习惯，在潜移默化中都会对学生产生影响。为了学生，教师必须坚持不懈，努力提高自己的口语交际能力。教师在听话方面应当准确、敏锐，善于领悟和辨析。在课堂教学中，教师应准确地捕捉学生的长处和短处，善于在细微处发现问题，使学生真切感受到教师敏锐的语感。教师的教学语言应当准确、简练、畅达，努力做到生动而略带幽默感，并将语病减少到最低限度。同样，教师的指导也十分重要。因此，教师应注意将指导落实到实践当中。

（五）评价反馈策略

教师应对学生及时进行语文口语交际教学的评价反馈。在进行评价反馈的过程中，教师可以对学生的学习情况深入了解，并根据了解到的情况进行教学策略调整，而且可以让学生看到自己的学习成果，从而使其树立自信心，进行自我反思，在无形中激发了学生的学习兴趣。教师除了阶段性口语交际教学评价之外，还应重视即时性评价，既要关注语言因素，又要关注非语言因素，这样可促进学生更认真地倾听、表达和应对，有利于端正学生的口语交际态度，养成良好的口语交际习惯。

第七章　新课程背景下的中学语文综合性学习教学

中学阶段是学生人格培养和性格养成的重要阶段，要提高中学生的语文水平，必然要结合新时代特点强调综合性学习，这也是新时期教育改革的重要课题。在语文学科中进行综合性学习教学，是语文教学改革的必然趋势，是新课程结构改革的根本基础。语文综合性学习充分体现了语文学习内容的丰富性、学习途径的多样性、学习过程的实践性与学习目标的综合性等特点，它是世界课程改革发展的共同趋势，不仅注重培养学生的学科知识，更注重学生兴趣和能力的拓展，以形成由点到面的培养模式。

第一节　中学语文综合性学习的性质与目标

一、语文综合性学习的性质

语文综合性学习，是依据语文学科的自身功能、现代社会对人的素养需要和学生的实际而设置的。它是一种基于生活实践而非学科的学习领域，它以学习者的直接生活经验为基础，密切联系学生的语文生活和社会生活，体现了语文知识的综合运用和语文能力的综合训练。

语文综合性学习课型的产生，改变了语文教学的封闭状态，"从一定意义上讲，是一次学习方式的革命"。语文综合课程的设置拓展了语文"教"和"学"的外延，使之更接近社会生活。语文综合性学习的性质有以下几个。

（一）综合性

综合性是语文综合性学习中的第一本质体现，是此种课型产生和存在的主要理由，其主要体现在学习过程中，准确地说，这一性质体现在学生的学习目标、学习内容和学习方式等诸多方面。

从学习结果上看，语文综合性学习是"知识和能力""过程和方法""情感态度和价值观"三个维度目标和内容的综合。

从学习内容上看，语文综合性学习是识字写字、阅读、写作和口语交际等四个方面学习目标和内容的综合，是拓宽语文学习和运用领域的跨领域学习目标和内容的综合，是书本学习和实践学习、接受学习和探究学习、课内学习和课外学习等学习方式的综合。

从学习形式上来看，语文综合性学习是教师的设计、实施与学生的自主参与、实践的综合，是读书、表演、参观、采访、搜集资料、辩论、写作等多种学习活动的综合。

语文学习目标、学习内容和学习方式等方面的综合，都在追求学生综合素质的培养和整体的发展。

需要注意的是，语文综合性学习作为语文学习活动，其自身的"综合"指的是带有综合性质的语文学习，它并不是各门学科的整合学习。因此，一定要体现出它的语文性，一切学习活动都应围绕语文学科的目标、特点以及性质来进行，而其最终的目标是"学生语文素养的形成和发展"。

语文课本中的不少综合性学习主题都涉及跨学科的内容，如地理、历史、天文学、曲艺等方面的知识。当教师指导学生进行这些语文综合性学习活动时，应意识到其他学科的介入是为了"拓宽语文学习和运用的领域"，开阔学生视野，使学生初步获得现代社会所需要的语文实践能力。但教师仍然要以增长学生语文学科的基础知识，培养学生的听说读写能力，提高学生的语文素养为重点，而不能把语文综合性学习课上成思想政治教育课、艺术表演课、历史或地理专题课。

（二）自主性

自主性也是语文综合性学习的特征之一，其主要体现在学习生活中，特别强调学生积极主动参与各项活动的精神，倡导学生主动且独立地去发现问题，或是选择感兴趣且有价值的主题和内容，自己决定活动方案和活动结果的呈现形式。基础教育的一个主要目标，就是培养学生的学习意识和自主学习能力，综合性学习这一课型就有利于实现教师指导下的学生自主学。在这种学习中，学生始终处于自主地位，从学习主题的确立、学习过程的设计、学习途径的选择乃至学习效果的评价，无不由学生自己决定，从而充分发挥学生的潜能。

这也意味着教师在进行课程设计和组织活动时，要从整体出发，着眼于全体学生素质的发展，应关注学生个体差异的不同以及学习需求的不同，尽量让每一个学生都有参加活动的机会，平等对待每一个学生，尤其是那些平时参加活动较少的学生，使他们有机会经历探究知识的过程，提高听、说、读、写的能力，体验成功的喜悦。

（三）实践性

实践性是语文综合性学习的又一特性，它强调了学生的亲身经历、动手操作、直接体验、全员参与，改变了听说读写能力培养的练习性质，引导学生在社会实践和现实生活中学语文、用语文。语文综合性学习使课内学习不再是虚构的、设想的，而是以其真实的内容，使学生投身其中，增强学生的实践意识和实践能力。它要求学生在综合性学习活动中亲自"观察"、亲自"调查"、亲自"设计"、亲自"实验"、亲自"创作"。它通过这一系列自身参与的活动，使学生学会提出问题和解决问题，培养实际操作能力。

二、语文综合性学习的目标

语文综合性学习目标是由语文综合性学习性质所决定的。依据语文课程标准中对中学阶段确定的目标，语文综合性学习有以下四项目标。

①学生能自主组织文学活动，在办刊、演出、讨论等活动过程中，体验合作与成功的喜悦。

②学生能提出学习和生活中感兴趣的问题，共同讨论，选出研究主题，制订简单的研究计划，并从报刊、书籍或其他媒体中获取有关资料，讨论、分析问题、独立或合作写出简单的研究报告。

③学生能够关心学校、本地区和国内外大事，就共同关注的热点问题，搜集资料，调查访问，相互讨论，能用文字、图表、图画、照片等展示学习成果。

④学生能够掌握查找资料、引用资料的基本方法，分清原始资料与间接资料的主要差别，学会注明所援引资料的出处。

第二节　中学语文综合性学习教学的理念与内容

一、语文综合性学习理念

语文综合性学习有其自身的理念，主要可概述为以下三点。

（一）课堂教学和社会生活相结合的理念

这一理念使语文教学不再限于固定的课堂，而使语文教学走向社会生活，走向自然，在广阔的领域中学习。这就拓宽了语文学习的空间，扩大了学生的视野，使学生的素质得到整体提高。在课堂教学中学语文和在社会生活中学语文，二者并举，相互补充。

(二）尊重他人和发展个性相结合的理念

综合性语文学习虽然要求教师引导，却更侧重学生个人的作用。它要求更多地体现出学生个人的智慧和才能，因而也就看重学生个性的自然显现和有意培养。但是由于语文综合性学习并不是个人学习，而是在教师指导下的群体学习，所以语文综合性学习要求学生既要尊重教师，又要听取其他同学的意见，互学互动，在和谐的环境中发展个性。

（三）接受性学习和创新思维相结合的理念

语文综合性学习课程由学生自我设计、自我组织、自我实施和自我评价，目的在于培养学生个人的探究意识和创新思维。因此，教师就要理解学生，信任学生，为学生创造时间、空间和条件，使综合性学习目标得以实现。同时教师也要积极参与，及时指导，使学生的学习效果更好，效率更高。

二、语文综合性学习内容

综合性学习有着多元的学习方式和内容，它首先离不开语文基础知识和听、说、读、写等基本技能的训练，但更需要教师重视课程资源的开发与利用，增强学生在各种场合学语文、用语文的意识，从多个方面提高学生的语文素养。

（一）语文教学内容层面

综合性学习的主要教学内容有："学生对周围事物有好奇心，能就感兴趣的内容提出问题""结合语文学习，观察大自然""热心参加校园、社区活动""用口头或图文等方式，表达自己的观察所得""能提出学习和生活中的问题""观察大自然，观察社会""在活动中学习语文，学会合作""能自主组织文学活动""利用图书馆、网络等信息渠道获取资料""策划简单的校园活动和社会活动，对所策划的主题进行讨论和分析，学写活动计划和活动总结""搜集资料，调查访问，相互讨论，能用文字、图表、图画、照片等展示学习成果"等。

另外，学生的活动从某种程度上就可以成为重要的教学内容，当地的自然环境、民情风俗、传统文化、校园文化和节目文化都可成为有益的学习资源，可以从学校、家庭、社区等各个方面入手，把语文学习引向社会生活与实践之中，把社会生活与实践融入语文学习之中，拓宽语文课程的视野，提高利用语文学习资源的能力，调动学生留意身边可以开发和利用的语文学习资源，让学生组织加工，优化整合，使之成为语文综合性学习的内容。

（二）语文课程目标层面

新课标提出"情感态度与价值观""过程与方法"和"知识与能力"这三个维度目标，语文课程所要达到的教学目标都要围绕这三个维度。为了便于操作，教师可以从语文学习的五个方面来实施，即知识目标、技能目标、智能目标、情感态度目标、价值观目标。

1. 知识目标

教师应用"认知率"评价学生知识目标的达成情况，首先确定学生应该当堂掌握的知识，然后通过观察估算或测试计算全班认知了本堂课的知识的学生人数百分比，认知了的知识占要掌握的知识的百分比，这两个百分比的平均值就是"认知率"。

2. 技能目标

教师应用"利用率"评价学生技能目标的达成情况，首先应该确定学生在课堂上利用的技能，然后通过观察或测试计算利用了技能的学生人数的百分比，利用了的技能量占应该利用的技能量的百分比，这两个百分比的平均值就是"利用率"。

3. 智能目标

智能目标会在过程与方法中体现，教师应用"互动率"评价学生智能目标的达成情况，首先确定师生互动应该用多少时间，生生互动应该用多少时间，然后通过观察估算或统计计算实际使用时间占应该使用时间的百分比，有效互动的学生人数百分比，这两个百分比的平均值就是"互动率"。

4. 情感态度目标

教师应用"投入率"来评价学生情感态度目标的达成情况，根据教学内容，首先确定应该有多少内容点是师生应该投入情感态度的，然后通过观察估算或统计计算实际学生投入情感态度的内容点数占应该投入情感态度的内容点数的百分比，投入了情感态度的学生人数百分比，这两个百分比的平均值就是"投入率"。

5. 价值观目标

教师应用"认同率"来评价学生价值观目标的达成情况，根据教学内容，首先确定应该有多少内容渗透了学科思想、学科观念教育的，然后通过观察估算或统计计算实际上学生认同的内容量占应该认同的内容量的百分比，认同的学生人数百分比，两者的平均百分比就是"认同率"。

例如在学习散文时，教师就可以把学习内容细化为以下几点。

①知识积累与疏导：散文、散文诗优美的语言，创作散文和朗读作品的知识。

②技能掌握与指导：欣赏散文、散文诗和朗读作品的技能。

③智能提高与训导：通过共同点评，发疑质疑，学生互相提问、答疑，发展智能；加强学生合作交流意识，提高合作能力。

④情意修炼与开导：品位作品优美的语言，感悟作者在文章中寄托的美好情怀。

⑤观念确认与引导：形成热爱生活的态度，树立积极向上的人生理想。

（三）语文学习资源获取层面

从目前我国课程改革的趋势来看，凡是有利于促进学生主动学习与和谐发展的资源都应该加以开发和利用。语文教师应拓宽语文学习和运用的领域，注重跨学科的学习和现代科技手段的应用，使学生在不同内容和方法的相互交叉、渗透和整合中开阔视野，提高学习效率。

在语文教学这个广阔天地中，蕴藏着丰富的自然、社会、人文等多种语文综合性学习资源，综合性学习有别于一般的语文课堂教学，它的一个很重要的特征就是整合性，能够跨越学科，跨越时空。这就需要语文教师具有强烈的资源意识，努力地开发综合性学习的资源，使之成为综合性学习的重要内容。

首先教师要因地制宜。每一个地区，甚至每一所学校，每一个社区都有丰富的学习资源。

其次教师要因时制宜。当代是知识经济的时代，学习的资源也在与时俱进，特别是网络在社会生活中的作用越来越广泛，必然也要走进语文学习。学生只需轻点鼠标，大千世界便尽收眼底。

再次教师要走进生活。"生活处处有语文"，使学生从生活中学习语文，然后将语文运用到生活中去，这也是学生学习语文的最根本目标，因此，教师不能忽视身边的生活这一最好的资源。

（四）其他层面

1. 社区服务和社会实践层面

社区服务和社会实践是指在教师引领下，学生走出校园，在某一方面为社区服务或参加社会性的实践活动。从学生的角度来看，社区服务和社会实践是取得亲身经历的直接经验，是能使学生受到社会教育，增强实践能力的活动。而从社区角度来看，社区服务和社会实践则是改善环境、建设社区的一种公益性活动。教师应充分利用社区的资源条件，开展社区服务和社会实践，以发挥社区服务和社会实践既利于学生又利于社会的作用。

2.劳动技术教育层面

劳动技术教育也是语文综合性学习中一项不可缺少的内容。它是以培养学生的心理和生理素养为宗旨的活动，它要求学生通过体力劳动和对劳动技术的学习，树立劳动观点，培育劳动情感，使学生亲近劳动者，同时使学生身体健康成长。

第三节　中学语文综合性学习教学的条件与要求

一、语文综合性学习的条件

（一）学生学习和成长的需要

学生在语文学习和个人成长过程中，当识字写字、阅读、写作和口语交际能力需要综合训练时，当多种学科知识需要融会贯通时，当知识、能力、情感态度和价值的学习目标需要达成统一时，就是适宜安排语文综合性学习的时机。

（二）学校和社区能够提供相应的资源

语文综合性学习必须以一定的资源为依托，资源越丰富，利用得越好，综合性学习的效果也就会越好。一般而言，学校和社区既会有现存性资源（静态资源），又会有发生性资源（动态资源）。教师要指导学生学会利用资源，特别是要善于捕捉时机，利用社会事件、生活变迁等发生性资源。

（三）学科教学的需要

语文综合性学习是语文学科教学中的一部分，它和识字写字、汉语拼音教学，阅读教学，写作教学，口语交际教学共同构成语文教学的整体，互相补充，互相支持。当识字写字、阅读、写作、口语交际教学进行到某一阶段，需要对学生进行综合、整体的训练时，教师都应及时安排语文综合性学习。

二、语文综合性学习的要求

（一）重视问题意识的培养

语文综合性学习是一个提出问题、分析问题和解决问题的过程。问题贯穿于语文综合性学习的始终，因此，有无问题意识和问题意识的强弱，就成为语文综合性学习成败的因素之一，也是衡量学生成绩的重要标准之一。学生有了问题意识，才会形成探究的行为，才会去追求某种学习目标，进而收到学习效果。

（二）重视学习过程

从语文综合性学习的整体来看，语文综合性学习要求看重学生在参与过程中的情感、态度和体验，从一定意义上讲，它们和学习结果一样重要，甚至更为重要。基于此，教师要重视学生是否积极选择课题，是否热心实施方案设计，是否自觉收集信息资料，是否注意方法的运用。

（三）重视知识的综合运用

从语文综合性学习的性质出发，语文综合性学习要求重视学生在这一学习过程中的综合运用知识的能力。综合运用的知识，包括跨学科知识，这既是综合课的性质决定的，又是语文综合性学习所要求的。教师和学生都应为此做出努力。

第四节 中学语文综合性学习教学的策略探讨

一、适应学生学习情况与需求

语文综合性学习活动只有适应学生学习的情况与需求，才有利于提高学生语文素养。开展语文综合性学习，教师要了解学生的需要、兴趣和学生的生活状况，与学生做朋友，知道他们关心的问题、话题等，再通过一些渠道来了解他们的不足和优势。对于学生想开展哪些活动，能开展哪些活动，抑或是学生需要开展哪些活动，现实生活中有哪些资源可以帮助他们完成这些活动，等等，教师都应该有一个周全的考虑和设计。另外，教师还要根据学生身心发展的规律，确定综合性学习活动的内容和主题。

二、创设任务场景

（一）虚拟语境的创设

虚拟语境就是利用文字、图片或多媒体等手段，将当时场景进行还原，再现逼真的生活情境。这样有利于学生在身临其境的感觉中展开语文综合性实践活动，可以激发学生学习兴趣。虚拟语境有以下两个优点。

①创设语境是为了实现学习目标，因此设计的方向性强，活动也更容易聚焦。

②代价低、风险小，活动的时间和内容可控性强，便于管理。虚拟语境又可以分为"宏情境"和"微情境"。

虚拟的"宏情境"指的是设计者力争全方位地模拟出真实的自然环境和社会环境，整个语文综合性学习活动自始至终都在这种虚拟的情境中进行。与"宏情境"相比，"微情境"更注重建立语境和教科书的联系，它往往是通过一个微小生活片段的模拟引发学生解决问题的兴趣。

（二）真实语境的创设

虚拟语境的情境再现固然有其一定的优势，但它毕竟不是真实的世界。为了弥补这一缺憾，真实语境的创设就出现了。创设真实语境可以让学生回归真实的生活世界，感受原汁原味的生活，直面生活中的种种。学校就是一个微型的社会，其中蕴藏着丰富的语文综合性学习的资源，而且对于师生来说，在自己的班级和学校里，人与人之间更便于沟通、活动更便于组织、资源更便于获取，因此，学校应作为活动设计的主角。

基于问题解决的语文综合性学习的情境不同于语文情境教学模式中的情境，语文情境教学模式中的情境可以是生活中的真实情境，也可以是虚拟情境。然而，基于问题解决的语文综合性学习模式所要求的学习情境，只能是生活中的真实情境。也就是说，教师要打破课堂的壁垒、教材的束缚，把学生引向社会、引向社区、引向大自然，让学生发现现实生活中有价值的真实问题，用自己的视角予以关注，在实际问题情境中学会发现问题、分析问题，并且创造性地解决问题。

三、把握语文综合性学习目标

实施语文综合性学习，要注意避免两种倾向：一种是"唯语文"倾向，这种倾向是指教师死守"语文"领地，只重视语文学科内的综合，不愿或不敢开展跨学科、泛学科的综合性学习，画地为牢，捆住自己的手脚，结果见不到综合性学习的效益；另一种是"非语文""淡语文"倾向，这种倾向是指教师综合了各方面的知识，也使学生实践了，可"语文味"淡了，学习活动的主要目标偏离了"语文"，重心转移到了"非语文"的其他方面，结果"耕了别人的地，荒了自家的田"，形式上搞得挺热闹，可学生在"语文"方面获益很少。从语文新课程的实施情况来看，上述两种倾向确实存在，而"非语文""淡语文"倾向更加明显。要纠正"非语文""淡语文"的倾向，必须注意以下几点。

（一）要有明确的目标意识

由于语文综合性学习的范围比较广，因此教师在开展语文综合性学习活动时，必须要有明确的目标指向，只有明确了学习活动目标，才能提高学生的学习效率、取得良好的学习效果。教师设计语文综合性学习目标时，胸中要有课程标准规定的语文课程总目标和相应学段的综合性学习阶段目标。

（二）建立多元教学目标并防止偏离基本目标

语文综合性学习教学的基本目标不能偏离。开展跨学科、泛学科的语文综合性学习，可以使学生获得的知识技能和情感态度与价值观等方面的收益常常超出语文范畴的，比如学到了一些天文地理、音乐美术、历史社会、生态环境乃至自然科学的知识，或者发现了其他学科中有探究价值的课题，产生了对其他学科或某个专门领域的兴趣，甚至可能由此引发某种强烈的学习动机、持续的学习努力，将来在某个方面有所成就。这些是语文综合性学习可能产生的"附加值"。

那么，这些超出语文本体的"附加值"能否作为语文综合性学习的目标呢？一种观点是不能。因为语文综合性学习与综合实践活动课和其他学科的综合性学习不同，它属于语文的范畴，所以不能把超出语文范畴的目标作为自己的目标。笔者认为这种观点较为狭隘。因为语文综合性学习不仅仅是语文学科内的综合，还包括跨学科、泛学科的综合。如果把学习目标锁定在语文范畴之内，那就容易导致画地为牢，束缚手脚，只能体现语文综合性学习的"语文性"，而使其应有的"开放性"和"综合性"落空，使语文课程标准提出的"语文课程与其他课程沟通，书本学习与实践活动紧密结合"的"实施建议"在实施中大打折扣。

应当承认语文综合性学习的目标不应是单纯的、一元的，而应是复合的、多元的。在这些目标中，有基本的、主要的，也有附带的、次要的；有显性的、刚性的，也有隐性的、柔性的。也应当承认要开展跨学科、泛学科的语文综合性学习，那些超出语文范畴的"附加值"可以进入学习活动的"目标群"，但只能作为附带的、次要的目标。否则，那就不是真正的语文综合性学习，而是其他学科的综合性学习，或是综合实践活动课了。

语文课程标准研制组的巢宗祺教授曾这样评析一个以"桥"为主题的语文综合性学习案例："语文学科的综合性学习，目标不宜首先聚焦在'认识桥、研究桥'上，而是应该在有关'桥'的一些重点文本的阅读上，在以'桥'为题的表达交流上；也可以从'桥'这个字的结构和基本意义入手进行讨论；还可以温习一些由'桥'构成的词语诗句等，把对于'桥'及其词义的发展的理解结合进来";"关于《桥》的语文学习活动，没有必要把'桥梁图片、数据、名称'和'桥梁发展史、桥的分类、桥的文化等'作为对学生的普遍要求。"他认为："在学习活动中，语文的目标应该是明确的，那些可能性的、附带的目标则可以是模糊的。语文学科综合性学习的内容，需要根据语文的目标加以筛选取舍。"

巢先生的评析是中肯的，主张是合理的。有研究者提出，判断综合性学习活动是不是"语文的"综合性学习活动有三个"指标"。

①活动量——是不是有分的语文活动。

②活动对象——是不是指向"语文"。

③活动成果——主要的学习成果是不是在语文的范围内，是不是语文的成果。

以此为参照，可以判断出目前不少跨学科、泛学科的语文综合性学习活动的主要目标、活动对象和成果并没有"落在语文上"。语文新教材中某些综合性学习的内容设计也存在目标偏离的情况。语文教师要敢于调整，固"本"扶"正"，把握好方向。

四、全面关注语文综合性学习过程

以专题形式开展的较大型的语文综合性学习的实施过程一般包括以下环节。

①选定学习专题，制订活动计划，明确责任分工。

②展开活动。按照活动计划独立或合作展开学习活动，如查阅资料、调查访谈、探究体验、整理筛选、分析综合、编写制作等。

③成果展示。小组或个人向班级汇报展示学习成果，以报告陈述、作品呈现、展览解说、朗诵表演、演讲论辩等多种方式，与同学交流和分享。其中作品呈现的方式可以是手抄报、笔记本、作品集、墙报、网页或音像媒体等。

④反思总结。通过自我反思小结、小组或个人互评、教师总结等方式，正确认识本人、本组在学习过程中的成功和不足，以求取长补短，共同进步。

从教师指导的角度来看，教师一般对第①、③两个环节比较重视，指导效果也比较好；而对第②、④两个环节往往重视程度不够，采取措施不力，指导效果不尽如人意。之所以如此，主要因为第①、③两个环节多在语文课上进行，课前教师有比较充分的设计和准备，课上教师直接参与，便于指导和调控；第②、④两个环节则多是在语文课堂之外进行，学生分散开展活动，自由度更高，自主性更强，教师介入程度低，也不便于具体指导，容易流于形式。要有效地开展语文综合性学习，教师就要树立"过程比结果更重要"

的理念，全面关注综合性学习的整个过程，加强对薄弱环节的指导。教师可以根据学生的学习进程和学生的实际情况，采用检查督促、沟通协调、点拨示范等方式方法。

活动展开前，指导教师应检查一下各组制订的综合性学习计划，看一看各组围绕本次学习主题选定的专题大小及角度是否合适，活动方案是否切实可行，责任分工是否明确妥当，必要时可以提出调整建议。活动展开后，特别是在各组分散活动阶段，指导教师可以通过开碰头会、个别约谈、打电话、网上聊天、发电子邮件等途径与各组保持沟通，关注各组活动进展，及时了解他们遇到的障碍，给他们当好参谋，当好教练。当学生遇到困惑和疑难的时候，指导教师要鼓励他们开动脑筋，合作探究，克服困难，或者指点迷津，提示门径，启发他们打开思路。特别是学生初次设计调查问卷、统计分析数据、撰写研究报告、著录资料出处、制作网页、操办展览的时候，往往需要教师指点方法技巧和注意事项，必要时教师可以为学生提供一定的学习资源或范例。教师发现因懈怠拖拉而进展迟缓者，要给予督促；发现敷衍了事、消极逃避者，要予以引导，力求使每个学生都参与进来，都有自己的收获和贡献。

但是，教师要注意，加强指导并不是过多干预，不是牵着学生走路，更不是越俎代庖。指导教师要善于把握参与度，提供的一切帮助都应以不妨碍学生主观能动性的发挥为尺度，都应以引导学生学会认知、学会做事、学会共处、学会做人为宗旨。在探究性学习活动中，教师有时候要故意听任学生走一段弯路，跌几下"跤"，让他们在"试误"中有所发现，得出教训，也未尝不是好事，但最好别让学生绕得太远、跌得太重。活动收束时，教师要引导学生认真反思个人和小组在本次综合性学习过程中的表现和贡献，知识、能力、方法、情感态度等方面的进步和不足，认识自己和本组的长短得失以及今后努力的方向。不光要引导学生反思，教师自己也要反思。学生可以将反思的内容写成书面总结，教师可将之放入"成长记录袋"，作为评价的参考项目，学生还可以随学习成果展示出来或进行口头交流。师生双方在整个综合性学习活动中的成功经验和失败教训，对以后更富有成效地开展活动都是宝贵的借鉴。

五、提供科学的学习支架

完成了语境的设计之后，教师还要为学生的言语实践活动提供必要的知识和资源，搭建活动的"支架"。在这些"支架"的帮助下，学生才可能顺利地"登堂入室"，完成学习任务。其中，学习支架分为"活动支架""知识支架""思维支架"和"资源支架"四类。

（一）活动支架

活动支架是由一系列活动构成的"活动链"，其中各个活动的功能并不相同，但它们之间具有铺垫和协调作用，共同构成一个活动支架的完整步骤和流程。如以"演讲活动"的设计为例。

第一步：确定一个话题。学生最好能说出自己的真实经历和感受。

第二步：学生组织自己的演讲。讲稿尽管很简短，但仍然要求一个能够快速吸引听众注意力的开头，让他们知道自己将说些什么。

①主体部分要表明一些理由来支持自己的观点。

②结论中要有一个让听众难忘的短语。

第三步：进行演讲。演讲时，学生与听众保持眼神的交流非常重要，因此不能去读讲稿。学生需要在以下两种方式中做出选择：要么完全不用讲稿，要么使用提示卡片（对于一个45秒钟的演讲来说，只需要三到四行的提示语）。

第四步：学生演讲之后，听其他同学的演讲，写下自己的想法。

①你觉得自己的演讲怎么样？（听众会觉得有趣吗？）

②你觉得表达得如何？

③演讲之前的计划有用吗？

（二）知识支架

知识支架为活动提供具体的陈述性知识和程序性知识，以支撑活动的进行。比如为上面的演讲活动所提供的程序性知识包括：演讲程序的知识——确定话题、组织内容、进行演讲、效果反思；吸引听众的注意力的知识——与听众保持眼神的交流，合理组织演讲的结构，选择合适的语言；与听众保持良好交流的知识——熟悉讲稿或者使用提示卡片；演讲结构的知识——吸引人的结尾和开头，充分的理由，真实的故事和情感；演讲风格的知识——根据听众的情况和演讲的场合来选择演讲风格；选择演讲语言的知识——根据听众和演讲的场合做出选择；加深听众印象的知识——重复关键的语句，强调关键的词语，控制演讲的节奏。以上这些知识为实践活动的推进提供了理论的指导和知识的支撑，所以被称为"知识支架"。

（三）思维支架

为了促使学生更好地掌握程序性知识和反省性知识，笔者还提供了各种类型的"思维工具"作为"思维支架"，主要可以归纳为以下几种类型。

1. 漫画和图片

图片和漫画不但能够给学生以视觉的冲击吸引学生的注意力，而且有利于培养学生的形象思维能力，对学生思维的激发和知识的理解起着不可替代的。

2. 维恩图

在任务设计中，设计者还可以使用了维恩图、图表等形象化的思维工具来实施。

3. 资源支架

那些能够为学生的综合性学习活动实践提供范例，使抽象的知识变得具体可感的资源被称为"资源支架"。资源支架要能充分体现任务设计的专业品质。提供什么和不提供什么，需要从学习内容出发做出仔细的推敲和权衡。在语文综合性学习设计中，有效地使用以上四种类型的支架，可以使精心的预设和灵活的生成做到辩证的统一，从而提高语文综合性学习的有效性。

六、完善实施语文综合性学习评价机制

语文综合性学习比单项性学习涉及范围广，持续时间也较长，实施评价应更看重过程，更看重态度，更着眼于全面的过程。那种只依据给学生展示的成果或提交的作品打一个分数、评一个等级的做法，太过简单草率，不符合新课程的评价导向。从评价内容上看，按照《义务教育语文课程标准（2011年版）》的实施建议，"综合性学习的评价，应着重考察学生的语文综合运用能力、探究精神与合作态度。主要着眼于学生在综合性学习过程中的表现，如是否能积极参与活动，是否能主动提出问题，还有搜集整理材料、综合运用语文知识探究问题、展示与交流学习成果等方面的情况。第一、第二学段要较多地关注学生参与语文学习活动的兴趣与态度。第三、第四学段要多关注学生在语文活动中提出问题、探究问题以及展示学习活动成果的能力。"课程标准中列举的上述"表现"恰是学生语文素养发展水平的重要指标，实施评价时应予以充分的关注。

（一）从评价形式上看

对上述这些"表现"的评价，可以是口头的，也可以是书面的；可以写评语，可以分等次，也可以采用分项与整体评价的表格，以便存留在学生的成长记录里。

（二）从评价时机上看

评价既要体现在综合性学习活动收束之时学生反思交流、教师总结点评当中，也要体现在综合性学习开展过程中的师生对话沟通、教师检查督导中。学期或学年结束时，教师也应将学生在综合性学习中的表现和进步纳入终结评价文之中。

（三）从评价主体上看

新课程改革要改变只由教师评价学生的状况，实现学生自评、学生互评、师生互评的多元化评价，还可以请学生家长参与评价以增强评价的民主性，更好地发挥评价的导向和激励作用。

第八章　新课程背景下的中学语文课堂教学评价策略

教学评价是课程实施的最后一个环节，也是最为关键的一环。教学评价是课程实施的终点，也是起点，它决定着课程的开展、进程及其发展方向。教学评价的准确定位既涉及课程能否顺利展开、课程理念能否真正贯彻的问题，又涉及课程本身能否科学发展的问题，同时还涉及现代人才的培养与选拔问题。因此，建立科学有效的教学评价体系至关重要。

第一节　新课程背景下的中学语文教学评价含义与评价理念

一、语文教学评价的含义

（一）教育评价与语文教育评价

评价就是判断事物的价值、测定价值的高低。从本质意义上说，评价是一种广泛的价值判断的过程。教育评价是根据教育目标，运用科学手段判断教育效果与价值的过程，它为教育决策提供有用信息，以便使学生最大限度地得到发展。语文教育评价是根据语文教育目标、大纲、教科书，运用评价手段，判断语文教育效果与价值的过程，它为改进语文教育、全面提高学生的语文素质提供有用的信息。语文教育评价是实施语文教育管理的有效手段之一。其过程通常分为三个阶段：①确定被评价的对象的阶段；②搜集整理并分析相关评价的信息的阶段；③得出科学的结论，及时将结论反馈给被评价的对象的阶段。语文教育评价涉及整个的语文教育领域，涉及学生、教师、教管人员、教材、课程规划、语文教育目标、语文教育过程等。

语文教育质量目标评价是语文教育评价的一部分，它是判断语文教育活动达到预定质量目标的一种过程。语文教育质量目标评价是语文教育质量目标管理过程的最后环节，也是从已经达到的水平向新的水平转换的一个关键环节。

(二) 教学评价与语文教学评价

教育质量目标评价需要借助考核。教学评价是对师生某一方面的教与学的情况所做出的客观考查和核准。语文教学评价就是对师生语文方面的教与学的情况所做出的客观考察和核准。评价的方法有很多，比如，对教师的教的情况的评价可以采取听课、查教案、收集学生反映等方式；对学生学的情况的评价可以采取课堂提问、讨论、批改作业、谈话等方式。而测试则是对教与学双方的一种考核。在大多数情况下，测试是对学生学业成绩的测验。现代测试学从不同的角度对测试作了如下分类：根据测试的目的和用途，可分为学业测试（又被称为成绩测试）、水平测试（用于人员选拔，也被称为选拔测试）、学能测试（又被称为预估测试、潜能测试）、诊断性测试；根据测试评定的标准，可分为标准参照测试（又被称为目标参照测试，它用以测量实际结果是否达到预先规定的标准）和常规参照测试（把某考生的成绩放到考生团体中比较，以判断该考生的水平）；根据测试的要求，测试还可分为难度测试和速度测试。正确的语文教学评价应把测试成绩看成对语文教学质量评价的一个重要指标，而并非全部评价指标的集合。

以测试代替教学评价是错误的。在应试教育的影响下，长期以来高考命题已对教育具有了权威的导向作用，各界人士对此种具有择优选拔功能的终结性评价手段推波助澜，致使相当一部分教师，在社会舆论与个人晋升等因素的压力下，也只好随波逐流，紧跟高考指挥棒转，高考不考的，则随意弃之；高考要考的，则重复训练，不断复习，以致造成片面追求升学率和高分低能的现象。

二、传统语文教育的回顾

(一) 古代语文教育

我国教育的历史是悠久的，随着我国古代人类社会的出现，教育活动逐渐展开。我国古代的教育是不分科的，语文教育与史哲以及自然科学的教育等综合在一起。在奴隶制社会时期，就有礼（宗教活动的仪式）、乐（原始音乐歌舞）、射（射箭技术的训练）、御（驾驭战车的技术训练）、书（识字、写字教学）、数（数术，包括有关数学等自然科学技术以及宗教技术知识的传授）为主要内容的教育。这种文武并重、诸育兼备、相济相成的教育，是与西周以小邦战胜大邦而立国的历史，以及当时的治国安民的需要相适应的。

汉代时，统治者提出"独尊儒术"的理念，在唐代时，统治者又提出"重振儒术"的理念，这就使"六艺"的教育受到排挤。在历史延续时间很长的封建社会中,"四书""五经"成为了教育的主要内容。封建时代教育的内容是与其目的——"学而优则仕"相适应的。隋唐以后,国家实行科举考试,教育与人才的选拔结合在一起,儒家经典成为教育的主要内容就不足为奇了。我国古代几千年的语文教育尽管有其不可避免的局限性,但它仍然是一座宝库,不管是奴隶制时代还是封建时代,都有许多宝贵的东西值得当代我国人民认真继承和借鉴。从本书的研究出发,这里有两点尤其值得我们借鉴:一是学与思的结合;二是对韵文、诗歌教育的重视。

(二)近现代语文教育

19世纪末,受西方的影响,我国开始出现现代意义上的学校。与过去的书院相比,现代学校开始分科设课,课程的格局有了很大的变化。从古代的文、史、哲综合在一起的一门课程,到独立设置的语文课,这一变化是随着学校的出现而产生的。既然有了语文课,就要制定规范这一课程的官方文件,如"大纲"之类,最早的官方文件是清政府颁布的《学务纲要》。辛亥革命以后,国民政府又陆续颁布过几个类似的文件。认真研读这些文件,对于人们理解语文学科的内容、目的和功能,以及研究语文教育和形象思维的关系会有许多启迪。

清朝末年,我国第一个关于现代学校教学的文件——1903年制定的《学务纲要》,关于语文(当时称"中国文学")的目的要求是这样表述的:"其中国文学一科,并宜随时试课论说文字,及教以浅显书信、记事文法,以资官私实用。但取理明词达而止,以能多引经史为贵,不以雕琢藻丽为工。篇幅亦不取繁冗。由浅入深,由短而长,勿令学生苦其艰难。中小学堂于中国文辞,止贵明通。"这一段话所规定的语文一科的教学目的主要是写作,学生所应达到的水平是学会写"官私实用"的文章,达到"明通"即可;而且十分重视"引经史"。由此可以看出,与学校设立之前,语文一科没有什么变化。

语文一科的目的、内容发生的明显的变化表现在辛亥革命之后(1912年)颁发的《中学校令施行细则》(以下简称《细则》)里。《细则》规定国文科教学的要求是,"通解普通语言文字,能自由发表思想并使略解高深文字,涵养文学之兴趣,兼以启发智德。"这里所规定的国文科的目标,除了人们所熟悉的培养表达能力外,还增加了阅读理解能力的培养。也就是说,阅读不再是写作的附庸,而是自有它的目的,即"通解普通语言文字";同时还提出了文学兴趣的涵养,对德育、智育的启迪,这样的规定使得这门课程更接近于现代学校的语文课程。虽然,其中没有单独提出关于思维能力的培养问题，但既然有智育的启迪，那么思维能力的培养应当包含其中了。人们不能小看关于"文学兴趣的涵养"和"德育智育的启迪"，这一变化正说明语文教育开始关注学生的发展。这是在语文教育观念上一个了不起的进步。

1923年的《初级中学国语课程纲要》和《高级中学公共必修的国语课程纲要》（以下简称《纲要》），在《中学校令施行细则》的基础上，进一步提出了文学欣赏能力的培养。如《纲要》就明确规定国语教学的目的是，"培养欣赏中国文学名著的能力；增加使用古书的能力；继续发展语体文的技术；继续练习用文言作文。"这种对文学审美活动的关注实际是把一个新的领域纳入语文教育的目标之中，而形象思维是审美活动中最重要的思维活动。关于文学欣赏能力的培养，后来又被写进了1936年的《初级中学国文课程标准》（以下简称《课程标准》）里。《课程标准》对语文课程目标规定了五项内容："使学生从本国语言文字上，了解固有文化；使学生从代表民族人物之传记及其作品中，唤起民族意识并发扬民族精神；养成用语体文及语言叙事说理表情达意之技能；养成了解一般文言文之能力；养成阅读书籍之习惯与欣赏文艺之兴趣。"在这个《课程标准》里，"用文言作文"的要求也被删除了。从以上种种变化里，也可以看到"五四"新文化运动所带来的新思想、新文化对现代语文教育的影响。

国家在20世纪50年代的文学、汉语分科时期明确地把文学教育写进语文教学文件。这是一次很有影响的教学改革实验。在这个时期，文学教育成为语文教育的主要内容，提高学生理解和欣赏文学作品的能力，培养想象能力就被写进了当时的语文教学大纲，国家还编写了与之相应的系统的文学课本。但遗憾的是，这次教学改革实验持续的时间很短，仅仅两年就夭折了。造成这样的结果，既有政治上、学术上的原因，也有教材存在不足的原因。

三、对中学语文教学新评价理念的思考与辨析

（一）新课程背景下的中学语文教学评价

所谓的评价，就是对某事物的某一方面进行价值判断，评价在现代社会中有着广泛的应用，在教育中，评价也是不可缺少的环节。缺少了评价的环节，就会导致教育的盲目。因此，人们对于教育评价的重视程度也越来越高。

教育领域主要是以教育理念作为评价的尺度。随着教育的现代化发展，促进学生发展已成为现代教育的基本理念。因此，对于教学的评价也以对学生发展的促进效果为尺度。语文教育的新课程改革也是在这一基本理念的指导下进行的。

第八章 新课程背景下的中学语文课堂教学评价策略

新课程改革的评价理念体现在《全日制九年义务教育语文课程标准（实验稿）》的"评价建议"部分中。"评价建议"由两部分组成：第一部分是原则性的总建议，主要表述了几个重要的评价思想，规定了若干评价原则；第二部分则对具体课程的评价提出了建议和要求。"评价建议"部分在评价目的、评价的价值取向、评价的具体方式以及评价的主体等方面与传统的评价方式有明显区别。与传统的评价相比，新课程改革的评价在目的上改变了传统评价过于重视选拔功能的问题，强调了对学生的发展性评价；在对象上，做到了教师评价与学生评价的兼顾；在主体上，朝着更加多元化的方向发展，将家长、同行等也纳入评价主体；在方式上，采取了多元化的评价方式，如口头评价、档案评价、测试评价等；在评价标准上，改变了传统的单一评价标准，实现了评价标准的多元化发展。

（二）新课程背景下的中学语文评价目的

传统的评价目的比较片面，过分强调学生的学业成绩，把学生的学业成绩作为衡量学习结果的唯一指标，把考试与评价等同起来。传统的评价目的过分强调评价的甄别和选拔功能，这与多年来形成的"片面追求升学率"的倾向有关。

课程评价具有检查、反馈、选拔、激励等多种功能。进行课程评价的目的主要是考察课程目标在学生中的实现程度，以便对课程的设计和教学的实施进行改善，提高教学质量，具体如下。

1. 促进学生发展

促进学生发展是语文课程评价重要的目标。要体现这一目标，就必须按照课程标准对教学进行科学的设计，在教学过程中实施有效的教学，从而实现语文课程教学在学生知识、技能上的基础目标。同时，教学目标的设计还必须充分考虑学生的全面发展，国家应制定发展性的教学目标。教学评价要充分体现促进学生发展的目标。一方面在教学过程的评价上，教师在教学过程中，必须要重视课程教学过程的实际和实施情况，采用多种策略和方式，保障学生的主体地位，充分激发学生的主动性和积极性，尊重学生的个性差异，鼓励学生的创新和探究能力，高效地达成教学目标。另一方面，对教学效果的评价应以评学为重点，以评学促进教师在教学理念和方式上的改变，真正做到以学生发展为目的。

2. 促进教师成长

传统的课程评价主要考察的是教学的备课、教学情况以及学生的学习情况，主要以考试为评价的主要手段，这就导致了教师的教学会受到考试大纲的严重束缚。

在新课程改革下，促进教师教学水平的提高成为课程评价的一项重要目标。这就是评价的性质由过去的被动的、消极的，变为主动的、积极的，这一评价目标是面向未来的，使课程评价具备了发展性的特点。在这一目标下，对教师教学水平的评价已不再是评价的重点。因此，评价也不应过于关注某一堂课程的教学效果。评价的目的主要是发现教师在教学中存在的问题和不足，学校应根据评价的结果，为每一位教师制订个人发展的目标，以促进教师教学的完善，实现教师的发展。在促进教师成长的目标下，课程评价成为一个不断发展的过程，在评价方式上采用了自评与他人评价相结合的方式。

课堂教学评价能够有效促进教师在教学思想上的主动转变，使其积极吸纳先进的教学思想，并以此指导自己的教学实践。课堂教学评价通过评价教师对教学的展示，使教师能够对自身的教学进行反思和改进，促进教师不断提高专业能力，获得持续的成长。

3. 改进教学

现代教学理念重在促进学生的发展，因此在教学评价中应该"以学论教"，即以学生的"学"评价教师的"教"，强调以学生在课堂学习中呈现的情绪状态、交往状态、思维状态、目标达成状态为参考，来评价教师教学质量的高低。它使课堂教学评价体系发生了根本的转变。

教学评价必须重点关注学生的表现。学生在课堂教学中的表现主要包括个体学习状态、情感体验、行为表现，师生间、生生间的互动情况，合作学习、探究学习的情况等。也就是说，要关注学生在学习过程中的主体地位、学习方式、学习过程等，以此作为课程评价的标准。教学评价即便要关注教师的行为，也应从对学生学习的激发和促进等方面进行考察，对教师行为促进学生学习的表现进行价值评价。

课堂教学评价促进了教师和学生的共同发展，将评价关注的重点从教师的教学转向学生的学习，这一转变给当前的语文教育的教学观念、教学行为、能力要求、学习方式等方面都带来了新的发展和变化。

四、双基目标与三维目标

工具性与人文性的统一是语文课的基本特点，提高学生的语文素养是语文教育的根本目的。工具性与人文性的关系是语文课的核心关系。在新课程中，语文课的工具性与人文性是通过课程目标、教学目标来体现的。传统语文教学强调"双基"（基础知识、基本技能）目标，而新课程则从"双基目标"

走向"三维目标",即"知识与技能""过程与方法""情感态度与价值观"。

教学目标的变化绝不意味着过去抓"双基"是不正确的。《国务院关于基础教育改革与发展的决定》中指出:"继续重视基础知识和基本技能的教学"。这是我国基础教育的独特优势。单拿语文来说,美国六年级小学生作文的长度及表达能力大体相当我国四年级水准。我国必须充分认识我国的优势,不能抛弃。在转变学生学习方式,培养学生创新能力时,不能脱离创新的根基,"空袋子立不起",语文教学不能忽视"基础知识与基本技能"的教学。

不过,应清楚的是,新课程"三维目标"所提的"知识与技能"跟"双基目标"的"基础知识与基本技能"既有相同之处,又有不同的内涵。这里的"知识"不仅包括"语文基础知识",而且包括"非语文基础知识",如社会的语言规律,他人的言语经验,个体的听、说、读、写规则,人类语言文化,等等。

三维目标不提"基本技能"而提"技能",其实质也是一样的,而且将过去没有包含在内的审美能力、探究能力、创新能力、实践能力以及现代信息技能也包括在内了。这些变化是在新的形势下,基于学生的需要、当代生活的需要和素质教育的要求上的,对教学目标认识的深化。

概括地说,"三维目标"中的"知识与技能"包括学生语言的积累、语感、丰富的语文知识、应用能力、思维能力、创新能力、实践能力、审美能力等,即学生语文素养方面的训练和提高,体现了语文的工具性。传统教学的问题不在于重视"基础知识与基本技能",而在于"过于重视",把学生看成一个纯粹的认知性存在,把学生的认知活动等同于整个生命活动,造成了在教育中偏重知识教授,忽视学生综合素质发展的问题。但是,对于传统的课堂教学方式来说,其在促进人的潜能发挥、推动社会生产力发展等方面发挥着重要的作用。但是,这种课堂教学的方式并不是万能的,随着社会的不断发展,传统课堂教学方式的弊端和局限也不断地凸显出来。

对于现代的课堂教学来说,其已不再是一个单纯的掌握知识、发展智力的过程,更是一个获得人生成长的过程。现代课程教学过程应是一个使学生的潜能不断得到激发、展示和丰富的过程。在现代教育理念下,课堂教学以培养完整的人为目标。为了避免这一目标出现在某一方面的倾斜,就需要在关注学生认知发展的同时,更加关注学生情感态度和价值观的发展。课堂教学由"认知领域"扩展到"生命全域",这是一场深层次的教育观念的变革。就语文教学来说,"情感态度和价值观"的目标是指培养学生的爱国主义、社会主义道德品质、积极的人生态度、正确的价值观,以及良好的个性、健康的人格、审美情趣、文化品位等。这些充分体现了语文教学的人文性。

人文性特征使得语文课程除了具有知识的共性之外，在情感方面还具有明显的个性特征。因此，语文课程在对学生情感态度和价值观的培养上具有重要的作用，是其他科目所无法取代的。语文新课程的教学目标既有知识、技能的增长，又有情感、信念、意志、价值观等的生成、发展，是语文素养与人文素养的统一，因而语文教学不能脱离语言素养只培养精神，也不能脱离精神只培养语言素养，应是二者的交融、一体化。精神培植与语文素养的形成是语文教育的主题。

在这里还必须注意到，无论是"知识和技能"，还是"情感态度和价值观"都不是天上掉下来的，也不是教师单方面灌输所能奏效的，而是要经过一定的过程，运用有效的方法才能掌握和形成。因而，新课程在教学目标中特别提出"过程和方法"这一重要目标，这是新课程的重要亮点，这是针对传统教学重结论轻过程，重教轻学的弊端提出来的。

从语文课的性质特点出发，要突出语文课程的实践性，"过程和方法"成为语文教学目标体系中一个重要的维度。过去人们常说学生是在课堂上学习语文的，现在更确切地说，学生应是在课堂、社会中，亲历生活，体验着由服从、沉默、竞争、辩论、合作、展示、回避、成功、失败等带来的种种酸甜苦辣、喜怒哀乐。

教学作为一种自觉地、有目的地培养人的社会活动，其全部运作都是围绕目标展开的，并逐步逼近目标的过程。所以，教学设计首先要明确地提出并清楚地陈述教学目标。教学目标是教学活动的出发点和归宿，是预期学生通过教学活动获得的结果。教学目标对教学有导向、指引、操作、调控和检测功能。教学目标的设计是整个教学设计的出发点。只有在明确的教学目标的指引下，教师才能够对教学的内容和资源进行有效的整合，合理安排和实施教学活动，科学分析和评价教学成果。

第二节 课堂教学中评价策略与设计

一、中学语文教学评价策略

（一）坚持遵循评价原则

无论采用何种评价方式，都须遵循评价的发展性、激励性与教育性功能。根据不同的考试目的，选择合适的评价方法。任何一种评价方式都不是完美无缺的。要坚持综合协调运用多种评价方式，确保评价的客观性、科学性、准确性，还必须坚持遵循以下几个原则。

1. 评价内容综合化的原则

评价应以对学生综合素质的考察为主，除了学习成绩外，更要加强对学生实践和创新能力以及积极的情绪情感体验和心理素质发展的关注。评价应注重对个体发展独特性的认可，帮助学生悦纳自己、拥有自信；以质评的方法为基础，除了在认知层面对学生的知识进行考察外，还应该从行为层面考察学生的表现；注重语文评价的主体性，既注重外在评价，又注重学生对学习的自我评价，增强学生学习动力，更好实现语文素质目标。

语文教学评价，不仅有阅读写作的考察，而且有口语表达能力、朗读能力的考察；不仅有语文基础知识和基本技能的考察，而且有对学习过程和学习方法的考察，另外还要对学生的态度、情感以及价值观等个性心理品质进行考察。这样不仅有助于学生语文素养的全面养成，也有利于学科本身的建设与发展。

2. 评价主体互动化的原则

互动化要求评价实现主体间的双向沟通和选择，关注不同主体对评价结果的认同，实现评价主体和评价方式的多元化。其中，专家主体在评价上具有权威性的特点，对师生的影响较大。教师和学生对教学的成败得失最有发言权。教师的中肯评价能够帮助学生树立创新意识，学生的自我评价、同学之间的互相评价，则能促使学生产生更强烈的学习动机。以学生自身为主体的自我评价也有着重要作用，它可以帮助学生逐步学会自我监控、自我调整、自我改造和自我完善，不断提高他们的主体意识和主体行为能力。

为此，评价必须突出和强化自我评价的作用，建立完善的自我评价体系，并把它和教师对学生的"他评"有机地结合起来。当然，并不是每一次评价都必须由所有的评价者参与，这样势必会使评价程序十分烦琐，容易造成评价负担。但缺少多元主体的评价必然是不完整也不准确的。因此，坚持评价主体多元互动是确保评价更全面合理的重要因素。

3. 评价方式动态化的原则

动态化要求评价关注学生的成长和发展过程，也就是要实现传统的终结性评价与过程性评价的结合，在评价过程中关注学生的变化与发展，给予学生多次评价的机会，尤其是要将评价融入学生日常的学习中，强调对学生的日常学习行为进行评价。另外，教师要注重评价的定量性，把定性与定量方法相结合以增强语文评价的可靠性。

4. 促进发展性原则

发展具有前进性、连续性、上升性特点。对于发展来说，其最根本的目标就是要实现提升。因此，从发展性的角度来说，在评价上应改变过去以考试分数为主的评价方式，在充分了解学生水平、理解学生个体差异的基础上，采取发展性的考试评价方式，促进学生的主动、全面发展。考试评价不是为了排名次，争第一，让学生在一次次的筛选、淘汰中逐渐失去学习的信心，而是使学生发现自己的水平和潜能，通过学习中的成功收获信息和动力，促进学生实现持续的发展。

5. 促进多样化人才培养原则

发展性考试评价注重被评价者存在的差异性和多样性，注重学生的个性特色，使学生能根据自己的能力、兴趣、特长等自主选择考试项目，自主选择发展方向，从而使学生的发展具有内存动力，使考试竞争产生的"两极分化"变为"多极发展"，多样化人才培养以适应社会对各方面人才的需要。

（二）采用多元评价标准结构

从确定评价尺度的方法和途径的角度，人们可以将评价标准分为相对标准、绝对标准和个体标准，传统的教育评价着重于采用相对标准。相对标准是指在某一教育系统内，例如，班级、学校或地区内，通过对本系统各要素的对比而确定的标准。它的作用是可以确定被评价对象在系统内的相对位置。运用这种标准可以使每一个个体清楚地认识到自己在群体中的优劣状况，有利于激发评价对象的竞争意识。

然而，这种标准是一种相互比较的尺度，客观性差，不能很好地反映评价对象的实际水平。传统的教育评价过分强调这种标准，并将其作为选拔升学的首要依据。而过分强调个人竞争，容易加深内部矛盾，造成学生两极分化，好学生骄傲自大，差学生忧郁自卑。这是不符合素质教育的发展性评价理念的。

素质教育评价标准是以绝对标准为主，具有绝对标准、相对标准和个体标准相结合的多元结构。所谓绝对标准是指"建立在理性的经验的基础之上"，在评价对象所在系统之外的，与整体的实际水平高低无关的客观标准。采用此标准，无须对评价对象做横向比较，只同这一客观标准进行比较，可以使评价对象明确自己与客观标准之间的差距，有利于进行科学、准确的评价。素质教育评价的目的是提高素质教育的质量，因此，建立科学、合理的客观标准至关重要。为此，绝对标准在素质教育评价标准的多元结构中应该占据主导地位。

但是，绝对标准也有其不足之处，由于其过于强调评价的客观性、统一性，而缺乏灵活性，不符合人的个性差异，因此还需引入"个体标准"。所谓个体标准，是根据评价对象现在和过去的情况来确定的标准，它是以评价对象自身的过去、潜力和自定的目标为参照系，主要用来衡量自身的学习和发展的现状，是一种个性化的评价。素质教育评价采用这种标准主要是由于这种标准充分考虑了个性的差异。

任何阶段，学习需要的不仅仅是同伴之间的竞争，在学生的成长过程中，更重要的是评价能够激励他们向着教学目标共同前进，促使学生知识、能力、态度和价值观的协同发展，这样才能取得全面丰收的教学效果。

因此课程评价要求采用绝对标准、相对标准与个体标准的多元评价结构，这样既可以公正、客观地进行课程评价，又可以面向大多数学生实现有个性的评价，而且还可以通过评价的点化，使评价唤醒学生的自信心并鼓励他们发挥潜质。根据不同的评价目的，选用适宜的评价标准，以激励与发展为导向，这样才有利于全面实现课程评价的追求。

（三）坚守评价的本质

在我国传统的教育教学中，课程设计基本上是一种社会本位取向，但也附加了学科本位（人类社会优秀文化成果）的因素。社会本位是理念上的追求，学科本位是设计操作上的要求。从中学语文课程指导思想可以看出，它的课程设计取向具有比较浓厚的社会中心主义倾向，是一种社会本位的价值观，尽管也注意到了"设计必须面向全体学生，促进学生个性的健康发展"，但总体上更强调社会需求。在新一轮的课程改革中，课程设计取向发生了变化，"以学生发展为本，培养创新精神和实践能力"成为国家和地方共同选择的课程设计理念，形成了在社会宏观背景下，一种以学生发展为本的价值取向，促进学生发展也是中学语文教学评价的本质。这种"以促进学生发展"为本的评价观主要体现以下几点。

一是评价应能促使教师改变课程教学中过分重视知识讲授的问题，要激发学生在学习中的主动性和积极性，以基础性的课程目标为主，在学习过程中，兼顾学生的知识学习与情感态度、价值观培养。

二是评价应能促使教师对课程内容进行一定的调整，改变过分重视书本知识的现状，减少过偏、过难、过旧的内容，增加与现代生活实际联系较为紧密的内容，以教学内容引发学生的兴趣和对现实生活的关注，使学生获得有利于持续发展的知识和技能。

三是评价应能促使教师改变课程的实施过程，改变传统的被动、机械的学习，倡导自主、探究、合作学习，培养学生的综合素质与能力。

二、语文课程的评价设计

语文课程标准的"课程目标是从知识与能力、过程与方法、情感态度价值观三个方面设计的。三者相互渗透,融为一体。目标的设计着眼于语文素养的整体提高。"

与语文课程目标相呼应,语文课程标准在评价建议中,也是关注学科学习目标与一般发展性目标的融合,注重对学生语文素养的评价,注重评价学生的综合能力,具体包含以下几点。

①对语文学习中的道德素养的评价:"注意知识与能力、过程与方法、情感态度与价值观的交融、整合,避免只从知识、技能方面进行评价。"

②对语文学习中学习能力的评价:"精读的评价,重点评价学生对阅读材料的综合理解能力。"

③对语文学习中交流与合作的评价:"主要评价学生日常口语交际的基本能力,学会倾听、表达与交流";"综合性学习的评价,应着重考察学生的语文综合运用能力、探究精神与合作态度。"

④对语文学习中个性与情感的评价:"写作的评价,要重视学生的写作兴趣和习惯,鼓励表达真情实感,鼓励有创意的表达,引导学生热爱生活,亲近自然,关注社会。"

语文课程标准虽然把学习目标相应地区分为三个维度,但是在目标的表述中是把三个维度融合在一起的。每一个学习目标从内容上看,仍然是一个综合性的目标,综合了三个维度,只是在表述中根据需要有所侧重。评价建议也一样,并没有把各种能力的评价截然分开。

语文课程标准的目标体系和评价建议的表述与语文课程的特点是吻合的。语文课程具有综合性的特点。由于其知识体系和能力体系的综合性,其学习目标和评价标准也必然是综合的。

因此,课堂教学评价也必须关注学生的综合能力的发展。教师在评价学生的课堂表现时,不仅要关注其学科学习目标的达成度,而且要关注其发展性目标的达成度;关注学生语文知识与能力的提升的同时,更要关注学生的人格发展和个性心理品质。通常一般发展目标是隐含在知识能力目标中的。评价往往只关注显性的知识能力目标而忽略了隐性的一般发展目标,而且注重甄别功能的考试制度导致语文课堂教学中出现偏重知识能力,忽视一般发展目标的倾向。这种倾向造成的危害众所周知,我国也付出了沉重的代价。但是怎样才能把隐含在知识与能力目标中的一般发展目标落到实处,在教学实践中,仍然需要进一步探索。

第九章 新课程背景下的中学语文教师的专业素质培养

中学语文教师专业素质的培养可以说是一个长期的发展过程，中学语文教师应该充分利用一切条件，尽力增强自身的教学内驱力，不断提高自己，以便更好地进行中学语文教学。教师专业化意味着被动教学的终结。教师应该有自己明确的思想和知识，不断提高自己的专业能力，不断学习和吸收新的知识，从而能够更好地成长和发展。其中，专业成长最为重要，它在一定程度上可以提升教师的能力和情感，从而提高教师的教学能力。

第一节 中学语文教师的地位、责任与挑战

一、中学语文教师的地位

（一）教师的地位

教师的身份不仅是教育者，而且也是教学计划的实施者。尽管学校领导与教学设备等同样重要，然而如果没有教师的存在，那么将无法实现学校的教学目标与要求，如今在信息化时代，教师仍然是学校教学成功与否的关键。由此可见，教师在教学中发挥着指导性的作用，并且其地位是任何人都无法替代的。

（二）中学语文教师的地位

在教师队伍当中，语文教师的规模可以说是非常庞大的。在中学教学中，语文是一门比较基础的学科，并且开设的时间最长，课时也是最多的，此外，语文学科涉及的范围广泛，起到的作用也最大，当然，语文教师在这一过程中起到的作用也是至关重要的。语文教师不仅是语文知识的传授者，而且也是能力与智力的培养者。对于语文教师而言，他们不仅要教会学生听说读写技能，而且还要教会学生为人处世的方法，这些都是语文教师工作的重点。

语文教学工作是比较复杂的,其中既包括科学,又包括艺术;既包括知识,又包括技能;既包括政治,又包括学业。这是一个由许多因素组成的综合体。由此可见,从事这一项复杂工作的语文教师是非常值得尊敬的。

二、中学语文教师的责任

教师的工作是人生最高尚的工作,也是最需要责任心的工作。它是一种精力和体力的消耗,为工作付出越多,精力和体力的消耗也就越大。

每一位教师都应该对学生、学校、社会负责。由于语文学科的重要性,语文教师的职责非常重大。一旦确定了语文学科的目标,就要在一定的时间内完成,语文教师在这一过程中起着十分重要的作用。

(一)对学生的责任

语文教师作为学生的导师,不仅负责教书,而且还负责传授学生做人的道理;不仅要教授学生语文的知识和技能,而且还要培养学生的思想道德情操。语文教师有义务对学生进行全面指导;有责任培养学生的理解和表达能力。

(二)对学校的责任

教师是贯彻党和国家教育方针政策的人,语文教师不仅在一定程度上决定着学校教育水平的高低,而且也可以说语文教师是学校的代表。语文教师队伍在中学是非常庞大的,同时也是教师队伍中的主要成员。在学校里,一支强大而整齐的语文教师队伍对于教学质量和效率的提高是至关重要的。但是,认为语文教师具有特别大的贡献的想法是不合适的。学校的教学工作是一个整体,只有密切联系其他学科,与其他科教师加强合作,语文教师的预期目标才能得以实现。

语文教师的工作具有社会服务性,其使命并不局限于课堂和学校。通常来讲,语文教师需要走出教室,迈出学校,积极参与社会实践活动,勇于承担社会教育责任,弘扬中华民族优秀文化传统,改变社会习俗,弘扬精神文明等。如今,随着社会的日益进步和发展,语文教师将承担越来越多的社会责任,由此可见,语文教师亟须增加自身的社会责任感。

三、中学语文教师的自我要求

(一)道德规范

教师的言行要符合道德规范和职业要求。教师的职业道德意味着要时刻考虑学生的合理需求,把满足学生的利益放在第一位。这既是促使学生自觉学习的最好途径，又是博得学生尊重和信任的最佳办法。教师受托于家庭、学校和社会，这种受托人的责任使教师的意识和行为具有深刻的道德意义。教师要时刻意识到，要想学生成为什么样的人，自己就应该先是什么样的人，自己的思想和行为随时随地影响着学生，对他们负有崇高的责任感与使命感。

教师只有具备符合职业要求的道德修养，才能在学生中树立威信，才能促使学生以教师为榜样，修炼品德，学习知识。

教师还有必要意识到情感作用的重要性，做到能控制自己的情感并正确对待他人的情感。拥有宽容的心态是正确对待他人情感的前提，要让学生认为自己是富有情感的人。

（二）知识追求

语文教师的职业要求其深切了解语文专业范围内的足够知识，并能依据自己的专业知识，预测对教师这一职位的胜任度。

要掌握系统而完整的知识，达到能够对它进行独立思考的程度，哪怕只是一类，也颇为不易，这就需要教师能够约束自己乃至牺牲某种爱好。

知识来自教师对某一学科的热爱，来自对接受知识的对象——学生的责任感。教师要始终把自己当成一个学习者，终生追求知识，追求自我超越。即使是一位经验丰富的教师，也仍然处在无知与有知之间、知少与知多之间。任何知识都不是静止的，而是处在发展状态中，教师则要跟踪，要追赶，以保持同步发展。

（三）反思进取

语文教学是一种复杂的行为，从本质上说又是一种创新性行为。要使复杂的行为科学化和学术化，使创新性行为得以增加，教师就需要不断地反思。

语文学习是一个复杂的、富有创造性的过程，思维训练也是一个复杂的、富有创造性的过程，情感态度和价值观的培养更是一个复杂的、富有创造性的过程。这些过程都要求给以回顾，给以反思，使之上升为教学科学和教学艺术，而且不单需要个人反思，还需要教师之间相互交流，共同反思。

教师的发展过程大抵是，新教师—经验型教师—研究型教师—优秀教师。这表明教师一直处在一个动态发展的过程中，为了加速这个过程，语文教师就要永远不满足现实状态，从反思中进取，从回顾中提高，使自己的教学成为反思型教学，使自己成为反思型教师。

（四）角色承担

过去的教师只扮演一种角色——教师，而现在则要扮演三种角色——教师、科学研究者和教材（校本教材）编写者。虽然教师这一角色仍是主要的，但不能忽视相互关联的另外两种角色。

教师角色的多样化，要求教师不单要有角色意识，而且要有适应这种角色的能力。一位教师同时扮演三种角色，对于有些教师来说可能有困难，但其中任何一种角色都是不能推卸的。同时扮演三种角色应成为教师自己的责任和义务。

由于语文课程、教材、教学的变化，一些教师可能会感到不适应，这就要求教师改变观念，只有从观念上确信变化的正确性和必要性，才会把它作为个人的一种需求去理解和做出改变。

四、中学语文教师的工作

（一）中学语文教师工作的特点

①青少年学生是教师工作的对象，他们正处于求知欲和探索精神强烈的时期，与此同时，在德、智、体、美方面他们又有着不一样的发展，因此教师要对学生进行有针对性的指导。

②传授知识和培养能力是教师工作的主要内容。因此，教师不仅要具备渊博的知识、娴熟的教学技能，还要具备良好的创造性思维能力，这不但利于有效地开展教学，还能产生更好的教学效果。

③教师是用自己的知识、能力和情感去影响学生，在与学生的互动中提高学生的素质的。

（二）语文教师的工作内容

语文教师的工作十分繁杂，不仅仅包括校内工作，如制订教学计划、实施教学、开研讨会、随时留意学生的心理变化等，还包括校外工作，如批改学生的家庭作业、进行家访等。

五、新课程改革对中学语文教师的挑战

（一）观念上的挑战

中学语文的新课程改革突出了育人为本的理念，注重培养学生的健全人格和良好个性，学生是学习的主体；注重学生的个体差异和学习需求，这些变革对于语文教师来说也是观念上的一种挑战。

（二）自身文化积淀的挑战

中学语文新课程改革尤其注重培养学生的人文素质，注重语文课程中人文内涵的作用。中学语文教师在目标实现的过程中发挥着关键作用，而中学语文教师自身的文化积淀最为重要。

第二节　中学语文教师的学科素养

一、思想品德素养

教师要塑造学生的灵魂，首先要塑造自己的灵魂，从而使自己的思想品德高尚。教师的品德素养指的是教师具有的一定的政治主张、道德标准和思想观点。

（一）热爱学生，期待成才

一个教师如果关注民族的命运，忠于教育事业，那么他必然会热爱学生。教师的职责就是热爱学生，并且这也是教学工作顺利开展的前提与基础。这种爱不仅是一种教育力量，也是一种教育手段。在教学活动中，中学语文教师不仅要热爱学生，还要尊重并理解学生，促进教学民主，营造轻松、和谐的教学氛围，只有这样，才能够充分激发学生学习语文的兴趣。

（二）以身作则，为人师表

从古至今，教师的言传身教和以身作则一直受到人们的关注，甚至历代都强调以身作则的重要性。中学生正处于青春发育期，是其观念、品质、性格逐渐形成的重要阶段，中学生的可塑性非常强，教师的言行和举动都会对学生产生影响。因此，中学语文教师必须在德、智、体、美各方面对自己严格要求，树立崇高的形象，从而对学生起到表率作用。

（三）勤于学习，勇于创新

教师的主要职责就是向学生传授理论知识。一个知识匮乏的人不可能当教师。现在，教师需要努力学习，扩大知识面，增加自身的知识量。只有传授给学生最新的人类知识成果，才会使学生学有所用。从这一方面来看，语文教师的作用至关重要。语文是一种非常社会化的工具，在社会实践过程中，必须运用语言文字来反映人们的新发现和新创造。在语文教学活动中，中学语文教师在指导学生时难免会接触到一些新信息，如果中学语文教师根本不了解这些新内容，那么教学任务是很难完成的。

中学语文教师不仅要勤于学习，而且还要勇于创新。随着时代的发展，人们的思想也在发生着改变，信息传递和获取的方式也必然会有所变化。所以，不管是对于教育制度、理念还是对于方法，教师都应该不断进行改革和创新。教师只有勇于开拓创新，才能不断满足社会发展的需求，从而逐渐成为一名优秀的教师。

（四）热爱祖国，热爱社会主义

这是每一个中国公民，尤其是教师至少必须具备的最强烈的感情以及最普通而又最崇高的品质。这是由教师的历史使命、教育的阶级属性和语文教学大纲所决定的。因此，教师要坚定正确的政治方向，有意识地为教育事业做出贡献。

二、学业知识素养

教师学业知识的广度、深度和更新速度都要大大超过学生，否则，就难以从教。大体来说，中学语文教师的学业知识主要分为以下三个部分：语文专业知识、教育理论知识和文化科学知识，相应地，中学语文教师应具备以下三个方面的素养。

（一）语文专业知识素养

高等师范院校中文系是为培养合格语文教师设立的，中学语文教师必须努力学习，牢固掌握和精通语文专业课程的知识，相应地，中学语文教师应具备以下三个方面的素养。

1. 语言学知识

从汉语的教学需求来看，中学语文教师首先要掌握和精通语言学方面的知识。不仅要学习语言学概论，而且还要学习系统化的现代汉语知识。

2. 文字学知识

中学语文教师应该积极引导学生识字、写字，此外，还应该熟悉、理解汉字的形体构造与形音义的关系、标点符号的使用等。

3. 文章学知识

中学语文教师要指导学生读文章、写文章，涉及文章阅读学和文章写作学，所以中学语文教师要学好文章学知识。

4. 文艺学知识

中学语文教师应该具备丰富的文艺学知识，包括中国古代、现代和当代文学以及民间文学、儿童文学知识等，以便更好地完成语文教学的任务。

（二）教育学科知识素养

任何学科的教学都必须以教育理论为指导。所以，中学语文教师应该具备教育学科知识素养。

1. 教育学知识

教育学是一门科学，不仅对教育规律进行了揭示，而且还对当下的教育现象进行了研究。中学语文教师不仅要与教学实践相结合，而且还要对语文课程中的教育理论加以学习，除此之外，中学语文教师还要了解教书育人的方式方法。

2. 心理学知识

心理学是一门科学，专门对人的心理活动规律进行研究。中学语文教师应该遵从教学实际，通过教育心理学的相关知识对学生的心理活动进行研究，从而能够更好地进行教学，激发学生的学习兴趣，调动学生的学习积极性，从而使学生的学习效果得到极大提高。

3. 学科教育学知识

中学语文教育学是一门介于语文与教育之间的教育学科。中学语文教师应该具备语文教育学知识以更好地开展课堂内外的语文活动。

（三）文化科学知识素养

中学语文教师需要了解的普通文化知识包括思维科学知识、社会科学知识和自然科学知识。

①语文学习与思维训练关系密切。语文教师要想获得较强的思维能力，并能科学地指导学生的思维训练，就必须学习一些思维科学知识。首先，要通晓它的基础理论——思维学，包括思维概念、思维主体、思维对象、思维结构、思维类型等；其次，要懂得它的技术理论——科学方法论，包括信息论、控制论、系统论、协同论、耗散论、突变论等。

②语文课程涉及的社会内容十分广泛，所以，中学语文教师不仅要具备较强的语言理解能力，而且还要具备丰富的社会科学知识，只有这样才能对语文课程的思想内容准确把握。中学语文教师对于中国历史、中国文化、外国文化、哲学、政治学、伦理学、地理学、环境学、人才学、军事学等，都应当有所涉猎。中学语文教师应当博览群书，了解社会，体味人生。

③如今，随着社会的不断前进和发展，公民不仅要具备创新精神，而且还要具备一定的科学素养，此外，在信息化时代下还要具备信息搜集与处理的能力。中学语文教师要关心、了解迅猛发展的现代科学技术，尽管不能教

授学生系统化的科学知识，也不能对科学知识一无所知。中学语文教材也是一本小小的百科全书，除了文学作品，也会涉及宇宙学、气象学、物候学、生物学、物理学等方面的知识。21世纪，学生要想提高自身的竞争力，就应该从小树立科学意识，对科学技术有浓厚的兴趣，有积极参与的愿望和行动，鉴于此，倘若中学语文教师不了解课文中涉及的数学、物理等方面的知识，那么他们在教学中难免会犯一些常识性错误。

三、文本解读能力

对于中学语文教师而言，应该注重探求教材文本，从而能够对语文教材文本有一个更独特而深刻的理解。

在大纲时代下，教材文本的处理都是从文章文本视角出发的，换句话说，不管入选教科书的作品是小说还是散文，都将采用文章的风格体裁，虽然到了高一点的学段出现了小说、散文等文体教学安排，但是文本解读却不是从文本视角出发，而是从文章出发的。文章文体是从写作的角度对文体进行命名，其中包括记叙文、议论文、说明文等。对于文章文体教学而言，其目的是让学生对基本的写作方法加以掌握，从而能够精通作文的写作。

然而实际上，即便学生已经学会了这些方法，但是在写作文方面也不一定会加以运用，写作的目的是思想和情感的表达，当一个学生没有自己的独立思想，只能按照要求进行表达时，那么他只能学会文章的一些表面上的形式，而不能真正了解文章的本质。这种文本解读的后果是遮蔽了原有教材文本的人文倾向。文本，特别是那些经典文本，刻意忽略了原本的丰富感情，教师在教学时只能完全依据教学参考书的规定。教学参考书基于科学主义的语文教学观具有一定的权威性，并且建立了一套强有力的解释体系，对文本解读角度、方法和结论等进行了规定，教师的责任就是把这些内容完全传授给学生，通过考试的方式使学生加以掌握。

教师在这种环境下，解读文本的能力有所降低，也对大学学科的教学产生了影响，教师的解读意识和能力没有得到培养，从而使如今的教师缺乏阅读鉴赏和写作等能力素质。

在新课程改革的背景下，中学语文教材的编写设计以主题为线，文章文体有所淡化，教师与文本作者、教科书编辑之间的关系被定义为平等的对话关系，同时也充分体现了教学参考书的参考性，从而奠定了教师解读文本的深刻性与独特性基础。

事实上，教师面对文本时是在用自己的心灵与文本和文本作者对话的，教师是从文本的角度出发的，没有按照过去传统的教材解读方法，根据他们的经验和学科知识，找到与作者的共鸣之处，并将自己当成作者，从而能够真正理解作品想要表达的含义。

当然，中学语文教师不仅要尊重自己的研究结论，而且还要以学者的眼光进行学术研究，多读一些专业性很强的解读著作，特别要注意学者的解读方向，尽可能多地查阅专门研究者和其他解读者的解读著作，尤其要看重他们的解读视角，从而能够对自己的解读进行修正，使解读更具有逻辑性，能够理性认识作品。对于那些具有渊博知识和深厚理论修养的教师而言，可以从不同的语境中更好地认识作品，对文本持有独特见解。由此可见，中学语文教师解读文本的方式主要是通过鉴赏方法和学术方法。

四、教学研究能力

一般而言，教学研究能力是指研究学生和教育实践能力，这是发展教育和教师专业能力的必要条件。首先，教师的教学研究能力体现在反思自身教育实践和教育现象的能力上，教师应不断改进自己的工作，形成理性的认识；其次，表现在探索和创造新的教育问题和方法的能力。教师站在教学的第一线，能够更为真切地发现教学中存在的各种问题，这使得研究更加迫切。然而，一线教师的研究大部分是对教学经验的总结，没有进行深入研究。

（一）中学语文教师应自觉积极地开展教学研究

就理论研究而言，从思辨性的语文课程与教育哲学、教育社会学、教学心理学的关系，到语文教学的基本理论问题，再到实践方面语文课程与教学政策、教学评价、教学设计的关系等，都需要认真思考。教师既是实践者，也是思考者，这是当前中学语文教师与大纲时代中学语文教师角色定位的显著区别。在具体的中学语文教育实践中，也有许多亟待解决的问题，如阅读教学问题、写作教学问题、口语教学问题，综合实践活动研究、考试评价研究、现代信息技术在新课程改革背景下的有效利用研究等，都是需要较为成熟的理论来支撑，它们又是一线中学语文教师之外的研究者难以感同身受的，如果一线教师在这些领域有较强的理论认知，对中学语文教学的影响会更大。因此，中学语文教师应自觉开展教学研究。中学语文教师开展的教学研究可以从教学实践入手，以案例分析的方法为主。"案例分析"也可以被理解为"教师的行动研究"，它是一种以解决问题为中心的研究方法，具体操作步骤如下。

①确定研究它以教学实践中的突出问题为起点，形成研究的开端。

②搜集资料。要搜集的资料主要包括班级名册、家长来函、通知单、新闻简讯、考勤记录、校规、通告、参考书等。通过搜集资料以达到对情境的

深入透视和理解。教师要在观察前确定观察对象，防止观察过程中出现错误；教师在观察的过程中，应该详细记录当前情况，以备事后使用。

③分析资料。教师要认真阅读资料，对重要和次要资料进行辨别、区分，收集相似资料，整理和简化复杂材料，发现资料中各主题的关系，建构可以应用的实践性理论（或模式）。在研究中，教师必须对材料用批判、怀疑的眼光进行分析，质疑现有理论和发现，以激发自己不断进行深入分析。

④形成行动策略。教师要注意的是，不要只满足于某一个构想，只有在多种构想中做出选择，才有可能找出最适当的解决办法。在形成行动策略时，教师不要只考虑可能出现的困难，还要充分考虑到行动策略可能提供的潜在机会，所以，不要由于遇到困难而选择拒绝任何一个行动策略。

⑤实施与检验行动策略。行动策略的实施需要想象情境，教师要在心中预先演练，然后在家或学校尝试实施，同时要参观已采取新行动策略的其他班级，教师要与同事进行讨论，以更好地理解这种策略的可能性与局限性。教师要按照行动策略标准检验实施中出现的问题。如果执行行动策略以后并未带来预期的结果，其原因可能包括：执行方法的问题；行动策略构想的问题；教学情境分析的问题，如教师相信自己的成见胜于真实资料，无法听进另一种解释，或是下结论太快导致结论不成熟；收集资料过程中的问题，如遗漏了某些重要的资料或是在问题的界定上出了问题。教师在详细分析问题之后，要认真回顾自己的研究起点与过程，收集资料并对问题进行分析，此外，还要对原有的行动策略加以改进和完善，并且要在实践中加以检验和实施。

（二）中学语文教师应具备课程建构意识

校本课程的开发方式包括引入课程、选择课程、改编课程、整合课程和创新课程等几种开发方式，这几种开发方式都是在教师深入了解中学语文教学理论、学校和学生情况之后才得以进行下去的。课程的开发应当和课程资源的利用结合在一起。

课程开发应多采用充分体现学生自主学习、自主实践的教学形式，如自由读写、课外识字、交流与展示、语文知识与能力竞赛、谈天说地、朗诵会、讨论会、办手抄报等，还要充分利用当地的自然和人文景观，使学生能够在自然与社会的大课堂中对信息进行观察、调查与获取，改变把学生禁锢在小小课堂里的状况。

（三）中学语文教师应当善于书面表达

书面表达既可以是严格的学术论文，也可以是教学随笔、教学叙事。在大纲时代下，由于教师缺乏严谨的学术训练，同时教师也缺乏一定的科研动力，因此，勤于写作的教师只占一小部分，并且他们写的大部分都是文学作品，个别教师写的论文也没有进行深入的理论研究。

如今在信息化时代下，中学语文教师进行语文教学已经不再局限于课堂之上，已经出现了多种与学生进行交流的方式，文字是必不可少的一种交流方式，这些文字可能是偏文学的，也可能是偏理论的。借助文字交流平台，教师能够实现自身的实践与反思，教师之间的沟通与交流需要更严谨、更迫切的理论表达，而更深层次的文字交流则可以促进人类的思维。

五、教师教学能力

（一）课堂教学组织能力

在中学语文的教学过程中，教师应该规范、正确地进行语言表达；恰当、有效地运用资料；提出具有启发性、反思性的问题，发现学生的独特问题，促进学生的平等思考与交流；按照实际教学的需求，中学语文教师应该积极对自己的教学理念加以调整，激发学生的学习兴趣，从而树立学生的自信心。

1. 教学语言能力

从事母语教学的教师应该成为学生学习语言的榜样，所以，中学语文教师也应该恰当、规范地进行语言表达。尤其是刚刚从事语文教育的教师，应当有意识地打磨自己的教学语言，教师口语要经过书面语的润色再转化为口语、导入语、衔接语、总结语等。随着时间的推移，教师不仅应能够更好地改善教学语言，而且也应能够改善教学的即兴语言。

2. 课堂组织能力

目前，中学语文教学主要采用班级教学和小组学习两种课堂组织形式。其中，班级教学是中学语文教学中最传统的组织形式之一。通常来讲，班级教学的形式与教师的教学相适应，其优点主要是经济、有效，其不足是很难照顾到每一个学生。因此，教师在课堂教学中应该努力弥补这一缺陷，充分注意到每一位学生。例如，学生在独自阅读课文的过程中，教师应该考虑到阅读速度慢的学生，给他们尽可能多的时间来阅读。小组学习作为课堂教学的一种辅助形式，的确发挥了一定作用，在一定程度上它会让更多的学生参与课堂教学中来，使课堂原本沉闷的气氛变得活跃起来，从而能够真正振奋学生的精神。小组学习追求的目标是合作学习，也就是通过共同努力、取长补短、分工合作，达到共同的目标，组员共同受益。

一般而言，课堂教学的两种主要形式分别是班级教学和小组学习，然而也应该进行创新。在课堂的教学过程中，仅仅依靠这两种教学形式不能提高学生的文化素养,不能培养学生健全的人格,同时也不能使学生获得更多的语文知识。因此,教师要取长补短,充分发挥组织形式的特点,综合运用各种教学组织形式。与此同时,中学语文教师还要积极投入实践中去,从而使中学语文教学的组织能力得到更好的提高。

(二)评价学生学习的能力

1. 设计练习的能力

中学语文教师必须具备较强的主题设计能力,从而能够在不同阶段按照学生的实际情况和教学要求设计出适合学生的练习。在对阅读练习进行设计时,中学语文教师应根据学生的身心和认知特点,在一定的时间范围内,选择语言恰当、思想内容健康、知识观念准确的阅读材料。同时,教师应该注意阅读练习的难易程度,阅读练习应具有启发性和思考性,其不仅应有助于提高学生的思维能力和培养学生的良好学习习惯,而且应有助于培养学生的创新意识和个性发展。在对写作练习进行设计时,中学语文教师不仅要给予学生充分的思考问题的空间,而且要充分利用学生的生活经验,培养学生良好的人格素质。口语交际教学的任务是规范学生的口语,提高学生的口语交际能力,培养学生良好的听说态度和语言习惯。因此,教师在设计口语表达能力的训练时,要注意利用中学语文教学的各个环节,有意识地培养学生,合理地创设交际情境,让学生无拘无束地进行口语交流,引导学生在日常生活中积极主动地进行锻炼。

2. 处理作业的能力

中学语文教师应该认真对待学生的家庭作业。中学语文教师在批改作业时不仅要指出学生的问题,而且还要格外关注学生的创新意识,在这一过程中,要积极与学生进行交流讨论,大大提高与学生之间的互动性。

3. 综合评价的能力

中学语文教师对学生的综合评价应充分体现新课程要求的多维度评价,而不是"一卷决定分数"。同时,中学语文教师应该以新课程标准确定的目标与要求为评价标准,评价内涵应该体现在知识与能力、情感态度与价值观以及过程与方法上来。对学生的学习评价可有一定的弹性,应充分考虑评价的激励功能。此外,中学语文教师应鼓励学生的相互评价和自我评价。

(三)教学设计能力

从语文知识的角度来看,中学语文教师有必要考虑如何在教学过程中更好地处理语文知识,如何利用特定的环境使学生更好地掌握语言规范,从而更好地对语言加以运用。从语文阅读的角度来看，中学语文教师有必要考虑学生应该注意什么问题，解决什么问题，拓展什么内容，如何增加学生的文化底蕴。从语文写作的角度来看，中学语文教师有必要引导学生关心和热爱生活，提高思想认识水平，对生活中遇到的问题进行探讨或论辩。另外，教师在处理教材时还要注意开发语文的教学资源。

1. 选择教学策略的能力

在教材处理方面，中学语文教师应该考虑如何更好地运用教学手段促进学生更好的学习。在这个方面，中学语文教师要注意解决以下四个方面的问题。一是引发学生的新鲜感，激发学生的期待感，满足学生的好奇心，激发学生的学习兴趣，不断调整学生的学习动机。二是引导学生从课堂发展到课外活动。只有将学生从课内引向课外，才可以称之为成功的语文课，才能使学生的语文学习形成良性循环。具体而言，中学语文教师要做到引导学生阅读和课文内容、自身兴趣相关的书籍，促进学生课题意识的形成。三是确定合适的教学容量。所谓教学容量即有效的信息内容和思维能力，教师应根据学情，在课程标准范围内，因地制宜地确定教学容量，否则就会大大降低教学效率。四是培养学生的创新意识。教师在课堂教学中应该注重学生问题意识的培养，鼓励学生具有自己独特的观点，并且还要敢于挑战权威。

2. 确定具体教学目标的能力

教学目标应该从学生的实际需求出发，注重学生的全面发展。即中学语文教师应该关注现行的教学目标是否对学生的未来发展有利，是否能使学生的学习潜能得到充分发掘，是否注重学生个体存在的差异。

六、科学研究能力

教学与科研是密切相关的，科研的起点是教学，科研也是对教学的延续与深化。作为一名称职的中学语文教师，不仅要懂得教学，而且还要懂得科研。如果中学语文教师只负责教书，不从事科学研究，不能有意识地总结自己的教学经验，不能自觉地探索中学语文教学的规律，不能回答教学中的新问题，那么教学活动将产生很大的盲目性，更不用说提高教学质量了。中学语文教师要想做好科研工作，首先就应该具备科学研究能力。语文科学研究能力按高层次科研活动的过程和方法进行分解，包括下列几种能力。

（一）选题定向的能力

选题定向是科学研究的关键步骤，必须结合教学工作，在调查研究的基础上进行。语文教研的课题数不胜数，教师要按照新课程改革的实际需求对那些具有研究价值和意义的选题进行选取。在选题过程中,中学语文教师必须从语文教研的学术动态、科研的客观条件和主观素养三个方面来考虑,从而选定适宜的理想课题。

(二)调查研究的能力

中学语文教师应学会采用现象观察、综合考察、表格统计、抽查测验等调查方法,系统地了解中学语文教学现状,然后能针对调查材料,对各种研究方法进行定性和定量的分析,深入了解中学语文教学过程中的经验和问题。

(三)收集资料的能力

收集整理与课题有关的资料是科学研究的基本功。语文教学科学研究资料包括古今中外有关文献、最新的教改信息,以及调查和实验(自己的和别人的)所发现的经验材料。材料越具体、典型,越有普遍意义,研究的成果就越有价值。一般来讲,阅读和调查都能够获取到资料。

(四)开展实验的能力

语文教学改革实验是在科学设想的指导下有目的、有计划地进行的,不仅需要明确的教学改革指导思想,而且还需要周密的教学改革实验方案。

(五)总结经验的能力

中学语文教学的科学研究工作具有相对较长的周期。通常来讲,探索教学方式和改革教学方法需要多年的反复实践,然而,对于中学语文教师而言,他们不可能经过多年的实验之后再开始总结,写不好总结,就无法继续进行实验。因此,中学语文教师应该养成总结经验的习惯,在实验的过程中学会边实验边总结,从而逐渐提高自身的实践能力。

(六)反馈验证的能力

通常来讲,很多种客观因素会制约教学活动的开展。中学语文教师在研究工作中,应该尽量排除研究成果的偶然性,增加其必然性。同时,中学语文教师应该能够组织各种形式和层次的实验,获得反馈信息,并在得出初步结论后进行反馈验证。这样的实验具有较高的要求。大多数中学语文教学改革都是在反复和移植实验中得到了肯定的。

中学语文教师不应轻易否定或肯定这样的经验,而应努力组织再进行实验,并且还要进行反馈验证,从而使理性知识得到飞跃性进展。

(七)撰写论文的能力

中学语文教师在科学研究工作的最后阶段,需要用成篇文字把研究的成果表达出来,这种撰写中学语文教学科学研究论文的能力,是中学语文教师获得科学研究能力的主要标志。

七、良好的职业心理品质

一个合格的中学语文教师还要有良好的职业心理品质,这是教师在长期的教育教学实践中逐步形成的,它与教师的职业活动、劳动特点等密不可分。

(一)认知方面

1. 敏锐的观察力

敏锐的观察力对于教师获得有关学生的信息具有重要意义。在教育教学实践中,中学语文教师要善于通过学生某些细微的表情动作捕捉到学生的某些信息,获得这些信息是中学语文教师教育教学工作的基础。

2. 较强的记忆力

较强的记忆力是中学语文教师的一种基本的心理品质。在教学过程中,中学语文教师可以清晰、准确地记住教学内容和教学设计,记住每个学生的长相和姓名,记住每个学生的学习掌握情况等。

3. 善于分配注意力

教育活动特别是课堂教学是一项要求中学语文教师的注意力分配到多种对象上去的复杂活动,如在课堂教学中,他们能同时注意自己的讲课情况、学生的听课情况及其他事物。

4. 富有创造性的思维和想象力

在教学活动中,中学语文教师能根据统一的教学大纲,理解教材、选择教学方法、设计教学环节、使用语言布置作业,还能根据学生不同的生理、心理及社会性特点,因材施教,开发他们的潜力,培养他们良好个性和优良品德,而且能开展教育教学改革,探索教育教学规律,这些都充分体现了中学语文教师思维和想象的高度创造性。

(二)情感方面

1. 积极乐观的心境

中学语文教师工作的对象是一群天真烂漫的学生,受学生情绪的感染,中学语文教师也逐渐学会保持积极乐观的心境,他们大多情绪乐观、性格开朗。同时,积极愉快的心境也是中学语文教师教育教学活动顺利开展的前提,中学语文教师只有与学生的心境保持一致,才能与学生打成一片,成为学生的良师益友。

2. 博大而无私的爱

教师的爱是广博的爱,是一种面向全体学生、不偏不倚的爱。教师表扬学生的进步,为他们的成功高兴,这是爱的表现;同样,教师批评学生的退步,为他们的过失痛心,也是爱的表现。教师的爱是无私的。教师不是学生的父母,但能像父母那样爱学生,把自己的全部知识毫无保留地传授给学生,为了学生的迅速成长,教师竭尽所能,体现了教师爱的高尚、纯洁和无私。

3. 较强的情感自控力

教师也有烦恼,也有痛苦、悲伤等消极情绪,但在学生面前他们很少流露自己的这种情感。这是因为教师有着较强的自我控制能力,他们善于控制自己的不良情感。很多教师只要一走上讲台,只要一来到学生中间,他们就能抖擞精神,把所有烦恼、痛苦抛到九霄云外。

(三) 意志方面

1. 较强的自制力

中学语文教师较强的自我控制力不仅反映在对消极情感的控制上,还反映在教师对自身行为的调节与控制上。为了集体的利益和学生的利益。中学语文教师应抑制自己的需要,强迫自己去做应该做但不想做的事。

2. 不屈不挠的坚定性

出于对学生的热爱和对党的教育事业的忠诚,中学语文教师不论在顺境时还是在逆境中,对工作总是充满信心和耐心。例如,在矫正学生的不良品德过程中常发生反复现象,其他教育教学活动中,也常常碰到这样或那样的困难,但中学语文教师总是用自己不屈不挠的坚强意志克服了这些困难。

第三节 中学语文教师的专业发展路径

一、中学语文教师的专业化发展

(一) 具备丰富的专业知识

正是由于语文学科的专业知识比较丰富,所以能够作为其他学科的工具和基础。因此,中学语文教师不仅要具备丰富的专业知识,而且还要积极引导学生主动获取语文知识。由此可见，中学语文教师必须能够很好地把握教材。例如，那些专业知识比较丰富的教师轻而易举地就能完成教学任务，不仅使学生的学习兴趣得到了激发，而且也使学生对知识的渴望得到了满足。

（二）树立全新的教育理念

在新课程改革背景下，中学语文的教学目标不仅仅是使学生能够对中学语文的知识与方法进行掌握，更是要培养学生，使他们能够树立正确的价值观。可以看出，中学语文教师正面临着角色的转变。因此，中学语文教师必须明确自己现在的角色，根据新课程改革的要求树立新的教育理念。

（三）具备较丰富的教学经验和较高的教学技能

在新课程改革背景之下，中学语文教师要具有全新的教育理念，丰富的知识和教学实践经验，并要在教学过程中加以运用。中学语文教师要具备独特的教学风格和人格魅力，在实际教学中，能较好地处理突发事件，因此，中学语文教师也应该具备较高的教学技能。

（四）坚守自己的理想信念

虽然新课改的理念很受欢迎，然而中学语文教师却不能盲目跟风，中学语文教师必须有自己的信念和坚持。在新课程改革背景之下，中学语文教师必须具备独立思考的能力，坚定自己的理想信念。

二、促进中学语文教师专业发展的有效途径

（一）转变角色

1. 由教学的管理者变成合作者

在新课程改革背景下，学生要成为学习的主体，教师将以合作者、参与者的身份出现在教学活动中，所以中学语文教师要改变过去的教学模式，要与学生共同学习和平等对话，从而实现自己和学生的共同进步和发展。

2. 由知识的传递者变成教学过程的指导者

过去，中学语文教学的重点是知识教育，大部分中学语文教师都是在简单地传授知识。由此可见，这种传统的教学方法不仅不能使学生的学习兴趣得到充分激发，而且还会使学生的学习动机有所下降。在新课程改革背景下，中学语文教学不能仅仅传授知识，更要使学生充分享受学习的过程，从而使他们更好地对知识进行迁移与重组。

(二)落实多元反思制度

中学语文教师,应该经常反思自己的教学活动,认真评价自己的教学行为,通过实践和反思不断解决课堂中的问题,不断提升自己,从而促进自身教学技能的提高和课堂教学气氛的优化。中学语文教师专业成长的秘诀在于通过反思改变原有的教学观念,从而提高自身的教学能力。

(三)提高语文教育科研能力

为了能够实现中学语文教师的专业化发展,教师本身必须具备较强的教学和科研能力。中学语文教师的教育科研能力不仅能够指导教学实践,而且还能够探索语文教育规律。与此同时,这也集中体现了教师的专业知识和教育教学能力。因为中学语文的多样性特征,所以语文可以提供给教师一个广阔的发展空间。通常来讲,中学语文教师的教育科研能力包括收集资料和调查研究能力等。

(四)夯实基本功

中学语文教师应加强自身基本功的锻炼,尤其是要练好"三字一话一画",即粉笔字、钢笔字、毛笔字,普通话和简笔画。在新课程改革背景之下,教师都在学习和实践新的教学理念,却没有进行基本功的训练。由于中学语文教师是从事语言文字工作的,其教育对象都是具有鲜活生命的人,因此中学语文教师要跟上时代潮流,努力提高自身素质。在新课程改革背景下,中学语文教师必须熟练掌握"三字一话一画"技能,夯实基本功。

参考文献

[1] 魏本亚. 中学语文教学设计 [M]. 北京：高等教育出版社，2016.

[2] 张晓辉. 精彩教学设计 [M]. 长春：东北师范大学出版社，2010.

[3] 李子建，倪文锦. 语文学科教育前沿 [M]. 北京：高等教育出版社，2012.

[4] 贺卫东. 中学语文教材研究与教学设计 [M]. 西安：陕西师范大学出版社，2011.

[5] 罗锡英. 中学语文文本教学研究 [M]. 桂林：广西师范大学出版社，2017.

[6] 巨瑞娟. 中学语文阅读教学探微 [M]. 银川：宁夏人民教育出版社，2016.

[7] 张占杰. 中学语文教学法十讲 [M]. 芜湖：安徽师范大学出版社，2017.

[8] 郝丽琴. 中学语文教学设计与案例分析 [M]. 合肥：安徽大学出版社，2015.

[9] 许书明. 语文有效教学设计技能训练 [M]. 广州：暨南大学出版社，2012.

[10] 孟瑞红. 中学语文语感教学研究 [M]. 银川：宁夏人民出版社，2013.

[11] 卢金明. 语文课程教学设计论 [M]. 北京：光明日报出版社，2013.

[12] 张秋玲. 语文教学设计——优化与重构 [M]. 北京：教育科学出版社，2012.

[13] 张筱南. 中学语文教学设计与案例研究 [M]. 北京：科学出版社，2012.

[14] 陈全发. 重视学生视角，是文本深入解读的关键 [J]. 现代语文（教学研究版），2017（03）.

[15] 肖家芸. 切合的才是好的——谈语文教学设计 [J]. 语文教学通讯·D刊（学术刊），2011（09）.

[16] 刘必勇. 小说中环境描写的作用 [J]. 文学教育（中），2011（03）.

[17] 朱治国. 构建语文教学的"视点结构" [J]. 中学语文教学，2017（04）.

[18] 王学东，沈红娟，石太东，等. 戏剧教学内容的选择与确定 [J]. 中学语文教学，2011（07）.

[19] 薛晴. 文本解读的学生视角 [J]. 语文教学与研究，2016（01）.